mdv

Jutta Gladen

Auf den Spuren Ottos des Großen

Eine historische Entdeckungsreise
entlang der Straße der Romanik

mdv Mitteldeutscher Verlag

Die Deutsche Bibliothek – CIP-Einheitsaufnahme
Auf den Spuren Ottos des Großen / Jutta Gladen.
- 1. Aufl – Halle (Saale): mdv, Mitteldt. Verl., 2001

ISBN 3-89812-048-1

1. Auflage 2001
Copyright by mdv Mitteldeutscher Verlag GmbH, Halle (Saale) 2001
Satz, Gestaltung: Solveig Punkt
Umschlaggestaltung: Peter Hartmann
Printed in Germany

Inhaltsverzeichnis

Vorwort

Den Spuren Ottos des Großen in Sachsen-Anhalt nachzugehen, dazu möchte diese Entdekkungsreise einladen. Eine Reise, die zu Personen, Orten und Ereignissen in das Sachsen des 10./11. Jahrhunderts zurückführt, das sich auf den größten Teil des heutigen Bundeslandes Sachsen-Anhalt erstreckte.

Unter den Ottonen (919–1024) wurde diese Region zur Zentrallandschaft, von der aus Könige und Kaiser ein Reich zu regieren begannen, das fünfhundert Jahre später Heiliges Römisches Reich Deutscher Nation genannt werden sollte.

Zahlreiche Spuren zeigen noch heute die Bedeutung Sachsens für die Ottonen. Sie sind erhalten geblieben in Bauwerken, die wir der Kunst- und Architekturepoche der Romanik zuordnen und die in großer Zahl in die „Straße der Romanik" aufgenommen worden sind.

Andere Spuren erschließen sich nicht auf den ersten Blick. Die historischen Ereignisse, die an bestimmten Orten stattgefunden haben, oder die Bedeutung dieser Orte für die Menschen im Mittelalter werden nur manchmal, etwa in der Größe oder der Ausstattung der Bauwerke, sichtbar.

Über die Zeit vor 1000 Jahren berichteten mittelalterliche Chronisten, die mit ihren Werken bis in die Gegenwart unsere Kenntnisse über die Ottonen bestimmen. Besonders Widukind von Corvey und Thietmar von Merseburg haben in ihren Geschichtswerken den Werdegang dieser

Familie zum Gegenstand gemacht. Ihre Darstellungen bilden den Hintergrund für die folgende historische Entdeckungsreise.

Mit ihnen kommen die Zeugen der ottonischen Geschichte selbst zu Wort. Natürlich sind diese Zeitzeugen parteiisch. Für die Chronisten war Sachsen Zentrum des Reiches, sie betrachteten die Politik der Ottonen aus diesem Blickwinkel. Dieser Perspektive möchte ich mich anschließen. Im Mittelpunkt der Ausführungen steht die „goldene Zeit" des mittelalterlichen Sachsen, die Zeit Heinrichs I. und seines Sohnes Otto des Großen.

Heinrich I. wurde 919 erster König aus sächsischem Stamm im ostfränkischen Reich. Mit seinem Herrschaftsantritt rückte Sachsen in das Zentrum der Geschichte im 10. Jahrhundert. Ihm gelang es durch eine geschickte Politik, die Konsens unter den rivalisierenden Adelsgeschlechtern schuf, die Basis für die Nachfolge seines Sohns Otto als König zu legen.

Otto, schon von seinen Zeitgenossen der Große genannt, nutzte die vom Vater gelegten Grundlagen, die er während seiner Regentschaft wesentlich erweiterte. Die italienische Königskrone, die Otto errang, die Gründung des Erzbistums Magdeburg und vor allem die Krönung zum Kaiser gingen weit über sächsische Stammesgrenzen hinaus.

Die Nachfolger Ottos des Großen, Otto II. und Otto III., hatten in Sachsen mit dem Bild ihrer Vorfahren zu kämpfen. Die Ausrichtung gerade Ottos III. auf Italien stieß bei den sächsischen

Geschichtsschreibern auf Skepsis und auf Kritik. Eine solche Politik bedrohte die Bedeutung Sachsens für das Reich.

So überrascht es nicht, daß Heinrich II., der Letzte in der Reihe der ottonischen Herrscher, u. a. von Thietmar von Merseburg begeistert aufgenommen wurde, machte er doch Merseburg zu seiner wichtigsten Pfalz.

Das mittelalterliche Sachsen, zur Zeit Heinrichs I. gerade erst 100 Jahre mit Schwert und Kreuz in das fränkische/karolingische Reich eingegliedert, hat Könige und Kaiser hervorgebracht, die hier vielfältige Spuren hinterließen. Sie bezogen ihren Besitz in Sachsen in die Königsherrschaft ein, legten Pfalzen an, gründeten Klöster und Stifte und errichteten Bistümer.

Diesen Spuren folgt der zweite Teil. Im Mittelpunkt stehen hier die zentralen Orte ottonischer Herrschaft in Sachsen. Nicht immer lassen sich die Orte eindeutig zuordnen; sie können ursprünglich Pfalz oder Königshof gewesen sein, später aber dann von dort gegründeten Klöstern/Stiften oder errichteten Bischofssitzen übertroffen worden sein. Eine Auswahl, die unter diesen Kriterien getroffen wurde, muß vieles schuldig bleiben; nicht alle Orte konnten Erwähnung finden.

Gedankt sei an dieser Stelle denen, die zur Idee des Buches und zu seiner Umsetzung beigetragen haben: den Teilnehmern meiner Seminare in der Erwachsenenbildung in Sachsen-Anhalt, vor allem der Evangelischen Erwachsenenbildung in der Kirchenprovinz Sachsen und der

Katholischen Erwachsenenbildung e.V. des Bistums Magdeburg. Sie haben sich auf die Beschäftigung mit dem Mittelalter eingelassen und mich durch die daraus entstandenen lebhaften Diskussionen ermutigt, das Buch in dieser Weise zu gestalten.

Mein Dank gilt dem Mitteldeutschen Verlag, der Geschäftsführerin Veronika Schneider, die dieses Konzept mitgetragen hat, und besonders dem Lektor, Dr. Kurt Fricke, der kompetent und mit Nachdruck die Fertigstellung vorangetrieben hat. Dank auch an diejenigen, die sich der Mühe des Manuskriptlesens unterzogen haben, Dr. Claus-Peter Hasse und Gebhard Engelmann.

Magdeburg, im Januar 2001

Jutta Gladen

I. „*Ein blühender Hof des Paradieses*" – die Ottonen und das mittelalterliche Sachsen

Blühender Hof des Paradieses, so hat der Merseburger Bischof Thietmar, einer der wichtigsten Geschichtsschreiber um das Jahr 1000, das Gebiet genannt, in das diese Entdeckungsreise führen wird: Sachsen; eine historische Region, die in jener Zeit zur Zentrallandschaft des beginnenden ottonischen Reiches wird. (Vgl. Karte in der Umschlagseite)

> Sachsen unter den Ottonen ist ein Gebiet, das sich geographisch vor allem auf Teile der heutigen Bundesländer Nordrhein-Westfalen, Niedersachsen, Sachsen-Anhalt und Thüringen erstreckt. Im Laufe des Jahrhunderte werden durch Erbfolge erworbene Gebiete elbaufwärts als Sachsen bezeichnet; seit dem 16. Jahrhundert die Region um Meißen.

Erste Erwähnungen der Sachsen stammen aus viel früherer Zeit und zeigen, daß diese zunächst in anderen Gebieten seßhaft waren.

Im 2. Jahrhundert nach Christus werden die namengebenden Sachsen erstmalig genannt. Ptolemaios von Alexandria, ein antiker Geograph und Mathematiker, gibt an, daß diese an der Mündung der Elbe siedelten. Damals begründete sich ihr Ruf vor allem darin, ständig unterwegs, und dabei streitbar und kämpferisch zu sein. Und so sollen sie ihren Namen nach dem auf diesen Unternehmungen geführten und verwendeten Messer bzw. Hiebschwert (*sahsa) erhalten haben.

2. Jahrhundert nach Christus: erste Erwähnung der Sachsen im Mündungsgebiet der Elbe

Einige aber behaupten auch, daß sie von dieser Tat ihren Namen bekommen hätten, denn Messer heißen in unserer Sprache Sachs. Sie sind deshalb Sachsen genannt worden, weil sie mit ihren Messern eine solche Menge Menschen niedergehauen hätten.

(Widukind von Corvey I, 7)

So erläutert einer der wichtigsten Geschichtsschreiber zur Zeit Ottos des Großen, der Mönch Widukind von Corvey, die Namengebung seines Stammes und berichtet weiter, dieser sei aus Dänemark und Norwegen gekommen, an die Mittelelbe gelangt, und soll dort als Verbündeter der Franken an der Vernichtung des Thüringerreiches 531 (angeblich bei Burgscheidungen an der Unstrut) beteiligt gewesen sein. Widukind behauptete, daß sächsische Verbände als Dank für ihre Beteiligung die eroberten Gebiete besiedeln durften, und somit auch in das Nord- und Ostharzvorland bis zur Unstrut drangen.

6. Jahrhundert: Sachsen siedeln im Gebiet der mittleren Elbe und Nordthüringen

Seit dem 6. Jahrhundert expandierten sächsische Verbände bis in das Gebiet zwischen Rhein und Weser. Mit dieser Ausdehnung ihres Siedlungsbereichs bedrohten sie allmählich die Franken/Karolinger selbst. In Kämpfen suchten die Franken seit etwa Mitte des 8. Jahrhunderts sächsische Verbände zurückzudrängen, zunächst im Harz und an der Weser, dann auch in Nordthüringen.

Mitte des 8. Jahrhunderts gelang es dem Karolinger Karlmann, die bei Eisleben gelegene Hochseeburg (Seeburg) zu erobern und damit Gebiete zwischen mittlerer Elbe und Saale in Besitz zu nehmen.

772–804 Sachsenkriege

Die Auseinandersetzungen zwischen Franken und Sachsen sollten ihr blutiges Ende erst mit

den Sachsenkriegen (772–804) Karls des Großen finden.

*Nach Beendigung dieses [langobardischen] Krieges
wurde der sächsische, der nur unterbrochen schien,
wiederaufgenommen, der langwierigste, grausamste
und für das Frankenvolk anstrengendste, den es je
geführt hat. Denn die Sachsen, die wie fast alle Völker auf dem Boden Germaniens wild von Natur, dem
Götzendienst ergeben und gegen unsere Religion
feindselig waren, hielten es nicht für unehrenhaft,
göttliches und menschliches Recht zu schänden und
zu übertreten. Dazu kamen noch besondere Umstände, die jeden Tag eine Störung des Friedens ver-
ursachen konnten: die Grenze zwischen uns und den
Sachsen verlief fast überall in den Ebenen, mit Aus-
nahme weniger Stellen, wo größere Waldungen oder
Bergrücken das beiderseitige Gebiet klar trennen;
hier nahm denn Totschlag, Raub und Brandstiftung
auf beiden Seiten kein Ende. Das erbitterte die Franken so, daß sie nicht mehr bloß Gleiches mit Gleichem
heimgeben, sondern offen Krieg mit ihnen führen
wollten. Der Krieg wurde also begonnen und von beiden Seiten mit großer Erbitterung, jedoch mehr zum
Nachteil der Sachsen als der Franken dreiunddreißig
Jahre lang ununterbrochen fortgeführt.* (Einhard,
Vita Karoli, 7)

Hauptschlachtfeld der Sachsenkriege war auf-
grund der unmittelbaren Nachbarschaft zum
Frankenreich das Gebiet zwischen (Nieder-)
Rhein und Weser, jener in dieser Zeit als West-
falen bezeichnete Teil Sachsens. Kriegsschau-
plätze wurden dann auch Ostfalen/Ostsachsen
(bis zur Elbe nördlich des Harzes) und Engern
(Weser, Lippe).
Etwa 775 gelangten die Franken unter Karl dem
Großen bis zur Oker, also etwa in das heutige

Gebiet Bad Harzburg - Wolfenbüttel - Braun-
schweig. Dort unterwarfen sich die *Ostleute
[Austreleudi Saxones] unter ihrem Anführer Hassio*
(Reichsannalen); andere Stammesverbände,
Westfalen unter Widukind, kämpften weiter.
Mit der Taufe Widukinds 785 trat eine vorläufi-
ge Kampfpause ein, die in den folgenden Jahren
immer wieder unterbrochen wurde, bis schließ-
lich ab dem Jahr 805 von der Beendigung der
Sachsenkriege gesprochen werden kann.

**805/806
Erst-
erwähnung
von Magde-
burg und
Halle/Saale**
Diese auf beiden Seiten grausam geführten
Kriege sahen letztendlich Karl den Großen als
Sieger. Damit verschob sich auch die Grenze des
karolingischen Reiches um etwa 300 km nach
Osten bis an die Elbe. Hier wird 805 im Diedenhofener Kapitular erstmals Magdeburg urkundlich erwähnt. Für das Jahr 806 überliefert
die Chronik von Moissac, daß Karl der Große
befohlen habe, in Halle/Saale und bei Magdeburg zwei *civitates* bzw. *castella* zu bauen.

Die nach der Taufe Widukinds, des Anführers
der Westfalen, erfolgende Missionierung fand
ihren Ausdruck in Bistums- und Klostergründungen in Sachsen. Waren bislang die Klöster
Fulda und Hersfeld sowie das Erzbistum Mainz
hier tätig gewesen, so wurden jetzt sächsische
**Bistums-
gründungen
in Sachsen**
Bistümer gegründet. Die bis Anfang des 9. Jahrhunderts erfolgten Bistumsgründungen Osna-
brück, Bremen, Minden, Münster, Paderborn,
Verden, Hildesheim und Halberstadt zeigen die
geographische Ausdehnung Sachsens, auch
wenn die genauen Bistumsgrenzen in dieser
Zeit nur schwer nachzuzeichnen sind. Auffällig
ist, daß zunächst andere Orte als Sitz für einige
dieser Bistumsgründungen beabsichtigt waren,
so etwa für Minden, Verden und auch für Hal-

berstadt, das zunächst in Seligenstadt, identifiziert mit dem heutigen Osterwiek, seinen Ausgang genommen hat. Die Wechsel zeigen, daß man in dieser Region wohl wenige kontinuierlich besetzte Siedlungen gefunden hatte, sie also auch verlassen konnte. Die hier eingeführten Bischöfe stammten aus der fränkischen Geistlichkeit und hatten zum Teil schon Missionserfahrungen. In Halberstadt war dies Hildegrim, Bruder Liudgers, der Bischof in Münster geworden war.

Neben diese fränkische Führungsschicht trat recht schnell der sächsische Adel, so daß man seit Ende des 8. Jahrhunderts von einer fortschreitenden „Frankisierung" in Sachsen sprechen kann. Dieses „Zusammenwachsen" von Franken und Sachsen geschah durch die Einbeziehung des sächsischen Adels in die um 782 in Sachsen neu eingeführten fränkischen Herrschaftsstrukturen. Führende Adlige der Sachsen wurden Grafen. Ihnen oblag die weltliche Herrschaft in den Siedlungsgebieten. Sie führten zudem königliche/kaiserliche Aufgaben wie etwa die Rechtsprechung aus. Auch die Verteidigung der Grenze in Richtung Osten gehörte zu ihren Aufgaben.

Diese Adelsfamilien nahmen recht schnell den christlichen Glauben an und beteiligten sich ebenfalls an der Missionierung ihrer Gebiete, indem sie Klöster gründeten.
Das für die weitere Geschichte der hier beschriebenen Region so wichtige Benediktinerkloster Corvey/Höxter (*Nova Corbeia*) 815/822 (aus dem der oben genannte Geschichtsschreiber Widukind stammte) ist ein Beispiel für eine

fränkische Gründung auf sächsischem Boden. Der schon genannte Anführer der „Ostleute" Hassio oder Hessi wurde nach seiner Unterwerfung zunächst Graf in seinem Gebiet und zum Ende seines Lebens Mönch in Fulda. Seine Tochter Gisela gründete vor 840 das erste Kloster auf dem Gebiet des heutigen Sachsen-Anhalt, das Nonnenkloster in Wendhausen/Thale.

Kloster Hersfeld: Besitzungen in Sachsen

Mit der fortschreitenden Einbeziehung Sachsens in die karolingische/fränkische Reichspolitik wurden Gebiete Sachsens zu Königsgut. Königshöfe oder Burgen entstanden, die zu Beginn des 9. Jahrhunderts dem Kloster Hersfeld Abgaben zu leisten hatten. Das Verzeichnis der Güter dieses Klosters zeigt die Lage der Besitzungen zwischen Unstrut, Saale und Harz. Hier werden Burgen wie etwa Merseburg, Königshöfe wie Allstedt, die schon genannte Seeburg und anderes mehr aufgeführt.

Die Aufteilung des zerfallenden Karolingerreichs im 9. Jahrhundert führte 843 zu der Ausbildung zunächst dreier Reichsteile, später dann (870) zu einer Konzentration auf ein west- und ein ostfränkisches Reichsgebiet.

Mit dem Zusammenbruch des Karolingerreiches trat die weitere Geschichte Sachsens wieder in den Hintergrund der Überlieferung. Die späten karolingischen Könige hatten jetzt vor allem in ihrem Kernland zu tun. Die damit verbundene „Abwesenheit" des Königs/Kaisers schuf in Sachsen und in anderen Teilen des ostfränkischen Reiches die Voraussetzung, daß Adelsfamilien um ihren Herrschaftsanspruch in diesen Gebieten zu kämpfen begannen. Seit Mitte des 9. Jahrhunderts zeichnete sich auch in

▶

Fränkisches Taufgelöbnis, datiert um 820. *Solche Gelöbnisse wurden in Volkssprache verfaßt und bei der Taufe gesprochen, Domstift Merseburg*

16

INTERROGATIO SACERDOTIS

forsahhistu unholdun. ih forsahhu.
forsahhistu unholdun uuerc indiuuillon. ih forsahhu.
forsahhistu allem then bluostru indidergelton. indidergotum thie im heidene man zigeldom. enzigotum habent. ih forsahhu.

gilaubistu ingot fater almahtigan ih gilaubu.
gilaubistu inchrist gotes sun nerienton. ih gilaubu.
gilaubistu inheilagan geist. ih gilaub.
gilaubistu enan got almahtigan. inthrinisse. ina hiernisse. ih gilaub.
gilaubistu heilaga gotes chirichun ih git.
gilaubistu thuruhtaufunga sunteono forlaznessi. ih gilaub.
gilaubistu lib after tode. ih gilaub.

Eo peizactus malignus spiritus ut creat et recedat damflocundo.

Exi cebeo sps in munde et redde honorem do uiuo etuero.

Accipe signum crucis xpi tam in fronte quam incorde. Sume fidem caelestum preceptorum.

Talis erto moribus ut templum di

Sachsen allmählich ab, wer zu den führenden Adelsfamilien gehörte. Eines dieser Geschlechter waren die Liudolfinger: die Vorfahren der Ottonen.

II. Aufstieg einer Familie
Die Liudolfinger/Ottonen in Sachsen

Die Zeugnisse, die wir über den Aufstieg dieser Familie haben, stammen überwiegend aus einer Zeit, in der Heinrich I. sich bereits als befähigter König erwiesen hatte und sein Sohn Otto I. dieses mit der Kaiserkrönung noch übertreffen konnte. Sächsische Geschichtsschreiber und Geschichtsschreiberinnen, wie etwa der genannte Widukind von Corvey oder die Nonne Hrotsvit von Gandersheim, waren voll des Lobes und stolz angesichts der Erfolgsgeschichte dieser sächsischen Familie. Sie schrieben aus „Stammesstolz", einer sächsischen „Identität" heraus, die sich zu bilden begann, nachdem die beiden Herrscher sich als so effizient erwiesen hatten. Vor diesem Hintergrund ist es wohl verständlich, daß die Anfänge dieser Familie die so großartigen Nachkömmlinge schon andeuteten.

Mitte des 9. Jahrhunderts wird Liudolf († 866), der Ahnherr des späteren ottonischen Herrscherhauses, erstmals in den Quellen erwähnt. Der Aufstieg Liudolfs ist ein Beispiel für die Einbeziehung sächsischer Adliger in fränkische Führungsschichten. Diese gelang durch die Übertragung des Amtes eines Grafen und durch Heiratsverbindungen mit fränkischen Adligen. Auch Liudolf läßt sich als Graf nachweisen und die Heirat mit einer fränkischen Fürstentochter namens Oda bot zudem den Eintritt in die richtigen Kreise. In den Sachsenkriegen recht schnell auf Seiten der Franken agierend, scheint es der Familie gelungen zu sein, einiges an Gütern und Höfen in Besitz zu nehmen. Oda und

Mitte des 9. Jahrhunderts: Aufstieg der Liudolfinger

Liudolf werden historisch faßbar, als sie im Jahr
852 die Gründung des Nonnenklosters Gandersheim veranlaßten, ein Vorgang, der demon-
striert, wie schnell die Erinnerung an die
„Schwertmissionen" verblaßt und die Integra-
tion sächsischer Adliger in das Frankenreich gelungen war.

Gandersheim mit der Tochter Liudolfs, Hathe-
mod, als erster Äbtissin, war bis zur Gründung
Quedlinburg fast 100 Jahre das wichtigste Kloster der Ottonen.

▶

Der Aufstieg der Familie im 9. Jahrhundert
zeigt sich auch darin, daß Liudgard, eine andere
Tochter Liudolfs und Odas, mit Ludwig dem
Jüngeren, dem Sohn des karolingischen Königs
Ludwig des Deutschen, verheiratet werden
konnte (vor 870). Der älteste Sohn und Erbe
Liudolfs, Brun, wird als *dux*, als Heerführer, bei
einer Schlacht gegen einfallende Normannen
(880) genannt, die er und viele andere mit dem
Leben bezahlten. Dadurch gelangte das Erbe an
Otto, der später den Beinamen der Erlauchte
erhalten sollte, der Vater Heinrichs I.

Viel läßt sich über Otto den Erlauchten nicht in
Erfahrung bringen. Das wenige, was wir wissen,
zeigt ihn in führender Position in Sachsen. Er
konnte das Grafenamt seines Vaters übernehmen, Güter und Privilegien behalten und durch
Kontakte zu den späten Karolingern, seine
Tochter Oda wurde mit dem lothringischen König Zwentibold, ein Sohn Arnulfs von Kärnten,
verheiratet, vermehren. Auf welche Weise auch
immer es Otto gelungen ist, er wurde zu Ende
des 9. Jahrhunderts Laienabt des wichtigen, an
der Grenze zu Sachsen gelegenen fränkischen

Klosters Hersfeld. Diese Stellung verschaffte ihm viel Einfluß und vor allem Einkünfte.

In der sächsischen Geschichtsschreibung des 10. Jahrhunderts gilt Otto der Erlauchte nicht nur als Herzog in Sachsen, sondern auch als Königskandidat. Widukind und Thietmar berichten, nicht unabhängig voneinander, daß nach dem Tode Ludwigs des Kindes 911 auch Otto König hätte werden können, hätte dieser nicht aus purer Bescheidenheit (Thietmar I, 6) und wegen seines hohen Alters (Widukind I, 16) darauf verzichtet.

Auch in dieser Generation überlebte nur ein Sohn, Heinrich I. So blieb der Besitz in der Familie und konnte erweitert werden. Liudolfingische Besitzungen lagen um den Harz: Quedlinburg, Pöhlde, Werla, Grone, Duderstadt, Nordhausen, das Stift Gandersheim und erstreckten sich dann nach Thüringen und Nordhessen, umfaßten also besonders die Gebiete Ostsachsen und Nordthüringen.

Heinrich I. – „… großer Förderer des Friedens und eifriger Verfolger der Heiden" (Adalbert, Continuatio Reginonis, 936)

Heinrich I. (ca. 876–936) Heinrich, geboren um 876, war jüngster Sohn Ottos des Erlauchten und seiner Frau Hadwig. Zwei ältere Brüder, Thankmar und Liudolf, starben vor 912.

Heinrichs erste Heirat fand um das Jahr 906 statt. Eine Merseburger Grafentochter, Hatheburg, hatte es ihm *wegen ihrer Schönheit und auch wegen der Brauchbarkeit ihres Erbes* angetan. Sie war eine der beiden Erbinnen des Grafen Erwin. Dieser besaß große Teile der Merseburger Altenburg, vermachte diese und andere Besitztümer in Ostthüringen, da er söhnelos verstarb, seinen Töchtern.

Hatheburg war vor ihrer Ehe mit Heinrich I. schon einmal verheiratet gewesen, sie hatte nach dem Tode ihres ersten Mannes den Schleier genommen, war Nonne geworden. Eine solche Eheschließung war problematisch, wenn nicht für Heinrich, so doch für die Vertreter der Kirche. Daher empörte sich Siegmund, der Bischof von Halberstadt (894–924), geistlicher Vater und Hirte Ostsachsens, und untersagte ihnen jegliche weitere eheliche Gemeinschaft. In wieweit sich Heinrich I. und Hatheburg an dieses Gebot hielten, bleibt zweifelhaft. Immerhin entstammte der Verbindung ein Sohn namens Thankmar (geboren vor 909).

Aber die Liebesleidenschaft des [späteren] Königs [Heinrich] zu seiner Gemahlin nahm ab: heimlich erglühte er ob ihrer Schönheit und ihres Vermögens für die junge Mathilde, und bald brach dann auch dieses Feuer der verborgenen Liebe hervor; er gab schließlich zu, sich durch die unrechtmäßige Ehe schwer versündigt zu haben. (Thietmar I, 9) Heinrich trennte sich von Hatheburg, über deren weiteres Schicksal die Quellen schweigen, nicht ohne ihr Erbteil, vor allem Merseburg, zu behalten. Was mit Thankmar unmittelbar nach dieser Zeit geschah, ist nicht überliefert. Er wurde bei der Verteilung des Erbes übergangen, ein Umstand, der später noch ziemlichen Unfrieden stiften sollte.

Heinrichs zweite Frau Mathilde, die er 909 in Wallhausen (bei Sangerhausen) heiratete, war ihm *in religiösen wie in weltlichen Dingen wertvoll* (Thietmar I, 9). Mathilde, Tochter einer westfä-

um 906 Heinrich I. heiratet Hatheburg

909 Heinrich I. heiratet Mathilde

lischen Adelsfamilie, soll Nachfahrin Widukinds gewesen sein, jenes Anführers der Westfalen im Kampf gegen Karl den Großen. Mit einer solchen Verbindung erhielt Heinrich I. nicht nur Besitzungen im westfälischen Teil Sachsens, sondern konnte zudem auch die eigene Familie aufwerten.

912
Heinrich I.
tritt
Nachfolge des
Vaters an

Erst mit dem Tode seines Vaters, am 30. November 912, ist wieder von Heinrich die Rede. Er, eine Woche zuvor selbst Vater geworden, übernahm das Erbe Ottos des Erlauchten. Dies geschah nicht ganz unangefochten, so gab es Interessenkollisionen zwischen dem seit 911 regierenden König Konrad I. und Heinrich um Güter in Hessen und Thüringen, die im Einflußbereich beider Familien lagen. Bis etwa 915 dauerten die Auseinandersetzungen, die mit der Belagerung Heinrichs durch Konrad I. in Grone (Göttingen) ein Ende fanden. Seit diesem Jahr wurde das Reich immer wieder durch einfallende Ungarn heimgesucht. Zudem erschwerten Kämpfe mit einzelnen Herzögen, Arnulf von Bayern etwa, dem König die letzten Jahre seiner Regentschaft.

918
Konrad I.
schlägt den
Sachsen
Heinrich als
König vor

In dieser Situation, Angriffe von außen und innere Auseinandersetzungen, am Ende seiner Königsherrschaft, tat Konrad I. das, was einige Historiker, vor allem aber die Geschichtsschreiber der Ottonen, als die bedeutendste Tat seiner Regentschaft überhaupt bezeichneten: Konrad I. schlug Heinrich als seinen Nachfolger vor. In den Kämpfen mit dem bayerischen Herzog Arnulf verwundet und dem Tode nahe, rief Konrad I. seinen Bruder Eberhard zu sich und sprach:

Ich fühle, Bruder, daß ich dieses Leben nicht länger behalten kann, da Gott es so befiehlt und eine schwe-

*re Krankheit mich bedrückt. Darum überlege bei dir
selbst, sorge, was dich hauptsächlich angeht, für das
ganze Frankenreich und beachte meinen brüderli-
chen Rat. Wir können, Bruder, Truppen aufstellen
und ins Feld führen, wir besitzen Burgen, Waffen,
die königlichen Insignien und alles, was die königliche Würde fordert; aber wir haben kein Glück und
keine Eignung. Das Glück, Bruder, ist mit der her-
vorragendsten Befähigung an Heinrich übergegan-
gen, die Entscheidung über das Reich liegt bei den
Sachsen. Deshalb nimm diese Abzeichen, die heilige
Lanze, die goldenen Armspangen mit dem Mantel,
das Schwert und die Krone der alten Könige, gehe zu
Heinrich und mache Frieden mit ihm, damit du ihn
immer zum Verbündeten hast. Denn warum ist es
nötig, daß das Frankenvolk mit dir vor ihm zusam-
mensinkt? Er wird wahrhaftig König sein und Kaiser über viele Völker.* (Widukind I, 25)

Die geschildert Geschichte beschreibt, was nach
Widukind von Corvey wichtig zu wissen war:
Die Franken besaßen das Königsheil nicht mehr
(*fortuna atque mores*). Sie übertrugen die könig-
lichen Insignien (die hl. Lanze ist eine „Zugabe"
Widukinds) an den Sachsenherzog Heinrich.

Nach dem Tode Konrads I. am 23. Dezember
918 dauerte es fast ein halbes Jahr, bis im Mai
919 auf einer Versammlung in Fritzlar Heinrich
zum Nachfolger gewählt wurde, zumindest von
den Sachsen und Franken. Es fehlten die anderen Herzöge, Burkhard von Schwaben und Arnulf von Bayern, von dem es hieß, er sei selber
König im Reich geworden.
Als Ausdruck für die angespannte Lage im Reich
wird auch Heinrichs Verzicht auf die für die Le-
gitimation des Königtums so wichtige Salbung

**919
Heinrich I.
wird König im
ostfränkischen
Reich**

25

gesehen, da diese Heinrich als König über die Herzöge gestellt hätte. Dazu gab es 919 wenig Anlaß, und dies scheint auch von Heinrich nicht beabsichtigt gewesen zu sein. Ein bald nach der Krönung gesuchter Ausgleich mit den nicht anwesenden Herzögen von Schwaben und Bayern (bis etwa 921) zeigt eher, daß Freundschaftsbündnisse und Gebetsverbrüderungen untereinander die Grundlage der Herrschaft Heinrichs I. bilden sollten. Als Erster unter Gleichen suchte Heinrich den Ausgleich. Als König der Ostfranken trat er hingegen „nach außen" auf, so etwa 921 gegenüber dem König der Westfranken, Karl dem Einfältigen.

Nachdem Heinrich I. die Anerkennung durch die anderen Herzöge der einzelnen Stämme erlangt hatte, waren die nächsten Jahre seiner Herrschaft wieder durch Angriffe der Ungarn gekennzeichnet. Im Zuge eines dieser Kämpfe mußte sich Heinrich mit seinen Kriegern in die Pfalz Werla (bei Schladen) zurückziehen. *Denn er vertraute seinen ungeübten und im offenen Krieg mit einem so wilden Stamm unerfahrenen Kriegern nicht.* (Widukind I, 32) Heinrich gelang es aber, einen Fürsten der Ungarn gefangenzunehmen, und ihn gegen einen neunjährigen Waffenstillstand auszutauschen. Diese Zeit nutzte Heinrich, um sich auf weitere Auseinandersetzungen mit den Ungarn vorzubereiten.

Vielleicht probierte Heinrich die neuen Fertigkeiten der Sachsen in Feldzügen gegen die Elbslawen aus. So eroberte er 927/928 die Brandenburg. Bei der Einnahme der Brandenburg gerieten ein slawischer Fürst mit Namen Tugumir in Geiselhaft und vielleicht auch andere Mitglieder aus dessen Familie. Es wird angenommen, daß eben aus dieser Familie die namentlich unbekannte Frau stammte, mit der Heinrichs zweiter Sohn Otto seinen ersten (illegitimen) Sohn bekam, Wilhelm, den späteren Erzbischof von Mainz. Auf dem Feldzug im Jahr 929 gegen die Daleminzier, im Gebiet Meißens, eroberte Heinrich die nicht genau zu lokalisierende Burg Gana und errichtete in Meißen eine Burg. Durch diese Erfolge und weitere Kämpfe in den folgenden Jahren legte er die Grundlage für spätere Züge in das Gebiet östlich von Elbe und Saale.

In diesem Jahr 929 traf Heinrich I. einen Entschluß, der weitreichende Konsequenzen haben sollte.

929
sog.
Hausordnung

Die Karolinger hatten ihr Reich unter den Söhnen aufgeteilt, Heinrich I. entschied sich anders; er bestimmte seinen ältesten Sohn aus der Ehe mit Mathilde, Otto, zum alleinigen Nachfolger. Dieser Entschluß steht hinter mehreren Ereignissen, die unter dem Begriff „Hausordnung" zusammengefaßt werden.

Gegenstand dieser Hausordnung war zunächst die Versorgung der Königin Mathilde im Falle des Todes Heinrichs I.

Zu ihrer Ausstattung gehörten Quedlinburg, Pöhlde, Nordhausen, Grona und Duderstadt. Im selben Jahr wurde der vierjährige Brun, der jüngste Sohn Heinrichs I. und Mathildes, zur Erziehung für eine geistliche Laufbahn an Bischof Balderich von Utrecht gegeben. Eine Tochter Heinrichs, Gerberga, wurde mit dem Herzog Giselbert von Lothringen verheiratet, das seit 925/926 zum ostfränkischen Reich gehörte. 929 begann auch die Suche nach einer ge-

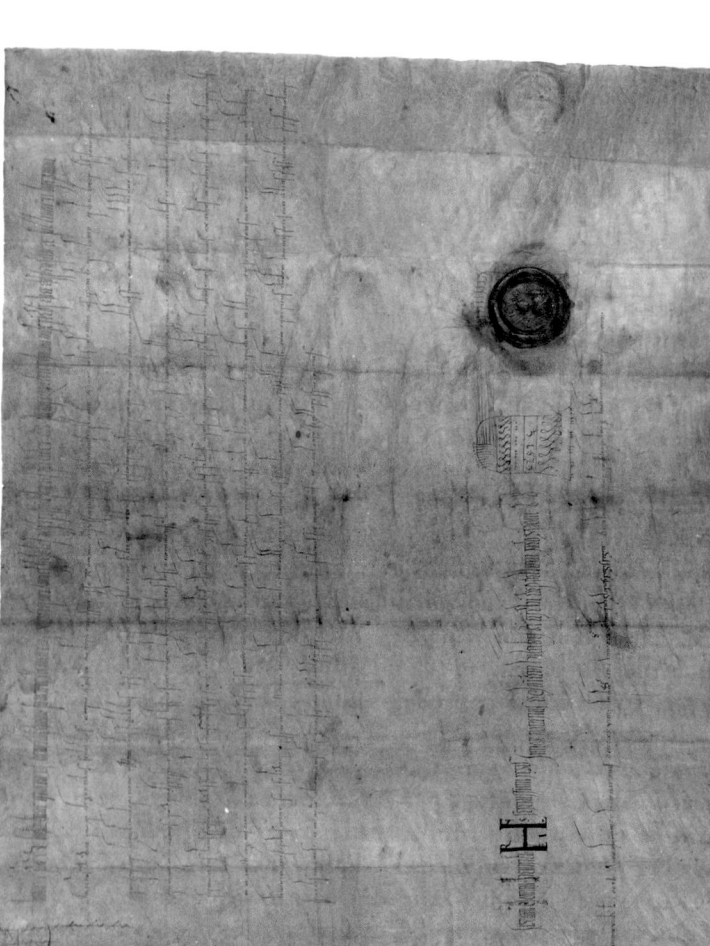

Sogenannte Hausordnung
In dieser
Urkunde
übertrug
Heinrich I.
Güter in Qued-
linburg, Pöhlde,
Nordhausen,
Grona und
Duderstadt als
Wittum an
seine Gemahlin
Mathilde. Die
im Original
erhaltene
Urkunde wird
heute im Landes-
hauptarchiv
Magdeburg
aufbewahrt

eigneten Frau für den Königssohn Otto. Diese Frau wurde nicht in einheimischen Adelsfamilien gesucht, sondern in Königsfamilien. Fündig wurden die Werber in England. Zwei Schwestern des Königs Aethelstan von Wessex, Edgith und Edgiva, wurden zur Brautschau nach Sachsen geschickt. Otto entschied sich für Edgith. Edgiva reiste weiter und heiratete Ludwig, den Bruder des Königs Rudolf II. von Hochburgund. Ottos Bruder Heinrich hingegen heiratete keine Prinzessin, sondern wurde später mit Judith, Schwester des späteren Bayernherzogs Berthold, verheiratet. So mußte also seit 929 deutlich geworden sein, daß Otto darauf vorbereitet wurde, die Nachfolge seines Vaters Heinrich anzutreten. Die adligen Geschlechter im ostfränkischen Reich scheinen dies mitgetragen zu haben. Allerdings zeigt sich auch eine gewisse Vorsicht bzw. Zurückhaltung im weiteren Vorgehen Heinrichs. Der letzte Schritt, etwa die Krönung Ottos zum Mitkönig, fehlte. Vielleicht wäre dies eine zu große Herausforderung für die anderen Großen des ostfränkischen Reiches gewesen. Otto jedenfalls wird erst wieder anläßlich seiner eigenen Krönung in den Quellen genannt. Ferner war das Verhältnis zwischen dem Ehepaar Otto und Egith und der Königin Mathilde nicht ungetrübt. Sie hätte lieber ihren zweiten Sohn Heinrich als König gesehen, so schreiben es die Quellen, und war wohl auch nicht mit der Heirat ihres Ältesten einverstanden. Rangstreitigkeiten zwischen ihr und der Prinzessin Edgith scheinen zusätzlich Probleme bereitet zu haben.

Die inzwischen durchgeführten Vorbereitungen zum Kampf gegen die Ungarn führten 932

929/930 Heirat Ottos I. mit Egith

zur vorzeitigen Aufkündigung der Tributzahlungen an die Ungarn und damit zur Aufhebung des Waffenstillstandes. Die heranrückenden Ungarn wurden am 15. März 933 bei Riade, einem heute nicht mehr näher bestimmbaren Ort an der Unstrut, entscheidend geschlagen. Dieser Sieg, den Heinrich I. in seiner Pfalz Merseburg zur ständigen Erinnerung auf einem Wandbild darstellen ließ, hatte weitreichende politische Konsequenzen. Wenn auch die Überfälle der Ungarn damit nicht sogleich beendet waren; das Ansehen, das Heinrich I. mit diesem Sieg im ostfränkischen Reich und darüber hinaus gewann, trug dazu bei, die Stellung Heinrichs I. als König entscheidend zu festigen. Weitere Siege, so im Jahr 934 über den Wikinger Knut, der unter anderem auch in Schleswig/Haithabu herrschte, trugen ebenfalls dazu bei.

Viel Zeit, diese Erfolge für seine Politik zu nutzen, blieb Heinrich I. nicht. 935, während eines Jagdaufenthaltes in der Pfalz Bodfeld im Harz, erlitt er, knapp sechzigjährig, einen Schlaganfall, von dem er sich nicht recht erholte. Im Sommer des darauffolgenden Jahres hielt er noch einen Hoftag in Erfurt ab und starb am 2. Juli in Memleben. Beigesetzt wurde er in Quedlinburg. Entweder schon in Memleben oder in Quedlinburg wurde dann die Hausordnung Heinrichs erfüllt. Sein Sohn Otto wurde von den Großen des Reiches zum König gewählt.

Er [Heinrich] zeichnete sich durch ungeheure Klugheit und Weisheit aus, dazu kam noch eine mächtige Körpergestalt, die der königlichen Würde den rechten Schmuck verlieh. Bei Wettkämpfen besiegte er alle mit solcher Überlegenheit, daß er die übrigen in Schrecken versetzte. Bei der Jagd war er so uner-

15. März 933
Sieg über
die Ungarn bei
Riade

2. Juli 936
Heinrich I.
stirbt im
Memleben
und wird in
Quedlinburg
begraben

30

müdlich, daß er auf einem Ritt vierzig oder mehr
Stück Wild erlegte. Obwohl er bei Gelagen sehr fröh-
lich war, minderte er dennoch nicht die königliche
Würde. Denn er flößte seinen Kriegern gleichzeitig
ein solches Wohlwollen und eine solche Furcht ein,
daß sie auch, wenn er scherzte, sich nicht getrauten,
sich irgendwelche Freiheiten herauszunehmen. (Widukind I, 39)

Heinrich I. gelang es in den ersten Jahren seiner
Herrschaft, die auf den Resten des Karolingerreiches entstandenen sogenannten Stammesherzogtümer im ostfränkischen Gebiet in eine
Politik des Konsens einzubinden. Diese Herzogtümer waren keine einzelnen „deutschen"
Stämme, die unter Heinrich I. zu einem „deutschen" Reich zusammengefaßt wurden.

Die in den Quellen als Reiche (*regna*), Völker
oder Stämme (*populi* oder *gentes*) bezeichneten
Herzogtümer agierten unabhängig voneinander
und konkurrierten miteinander.

Heinrich legte mit seiner Konsenspolitik die
Grundlage für ein gemeinschaftliches Handeln
der einzelnen Stammesherzogtümer; dieses wird
etwa deutlich an der Verteidigung gegen die
Ungarn 933, an der sich Krieger aus allen Herzogtümern beteiligten. Aus diesem (erfolgreichen!) gemeinschaftlichen Handeln entwickelte
sich sehr langsam eine gemeinsame Identität der
einzelnen Stämme.

Otto der Große (936–973) – „*Italiens Zier und Sachsens Heil*" (Thietmar II, 42)

Otto der Große, geboren am 22. November
912, acht Tage vor dem Tod seines gleichnamigen Großvaters, trat mit fast 24 Jahren das Erbe
seines Vaters an.

Schon lange zum König bestimmt, so Widukind von Corvey, wurde Otto am Sonntag, dem 7. August 936, fünf Wochen nach dem Tode seines Vaters, in Aachen als Nachfolger bestätigt und feierlich zum König gekrönt.

Als Ort der allgemeinen Wahl nannte und bestimmte man die Pfalz Aachen. [...] Und als man dorthin gekommen war, versammelten sich die Herzöge und obersten Grafen mit der übrigen Schar vornehmster Ritter in dem Säulenhof, der mit der Basilika Karls des Großen verbunden ist, setzten den neuen Herrscher auf einen dort aufgestellten Thron, huldigten ihm, gelobten ihm Treue, versprachen ihm Unterstützung gegen all seine Feinde und machten ihn nach ihrem Brauch zum König. Während dies die Herzöge und die übrige Beamtenschaft vollführten, erwartete der Erzbischof [Hildebert von Mainz] mit der gesamten Priesterschaft und dem ganzen Volk im Innern der Basilika den Auftritt des neuen Königs. Als dieser erschien, ging ihm der Erzbischof entgegen [...] und sagte: „Seht, ich bringe euch den von Gott erwählten und von dem mächtigen Herrn Heinrich einst designierten, jetzt aber von allen Fürsten zum König gemachten Otto; wenn euch diese Wahl gefällt, zeigt dies an, indem ihr die rechte Hand zum Himmel emporhebt." Da streckte das ganze Volk die Rechte in die Höhe und wünschte unter lautem Rufen dem neuen Herrscher viel Glück. Nach diesem ersten „Akt" der Wahl, der Inthronisation und Huldigung durch die weltlichen Großen fand im Anschluß der geistliche Teil statt. Am Altar wurden die Insignien übergeben, der König wurde gesalbt und gekrönt.

„Nimm dieses Schwert, auf daß du alle Feinde Christi verjagst, die Heiden und schlechten Christen, da durch Gottes Willen dir alle Macht im Frankenreich

übertragen ist, zum unerschütterlichen Frieden für alle Christen." Dann nahm er [der Erzbischof von Mainz] die Spangen, legte ihm den Mantel um und sagte: „Durch die bis auf den Boden herabreichenden Zipfel deines Gewandes seist du daran erinnert, mit welchem Eifer du im Glauben entbrennen und bis zum Tode für die Sicherung des Friedens eintreten sollst." Darauf nahm er Zepter und Stab und sprach: „Durch diese Abzeichen bist du aufgefordert, mit väterlicher Zucht deine Untertanen zu leiten und in erster Linie den Dienern Gottes, den Witwen und Waisen die Hand des Erbarmens zu reichen; und niemals möge dein Haupt ohne das Öl der Barmherzigkeit sein, auf daß du jetzt und in Zukunft mit ewigem Lohn gekrönt werdest." Auf der Stelle wurde er [Otto der Große] mit dem heiligen Öl gesalbt und mit dem goldenen Diadem gekrönt [...] und nachdem die rechtmäßige Weihe vollzogen war, wurde er von denselben Bischöfen zum Thron geführt, zu dem man über eine Wendeltreppe hinaufstieg, und er war zwischen zwei Mamorsäulen von wunderbarer Schönheit so aufgestellt, daß er von da aus alle sehen und selbst von allen gesehen werden konnte.

Nach der im Anschluß an die Krönung zelebrierten Messe begann der dritte „Akt" der Feierlichkeiten, das Festmahl in der Pfalz:

[Otto der Große] trat an die marmorne, mit königlicher Pracht geschmückte Tafel und nahm mit den Bischöfen und dem ganzen Adel Platz; die Herzöge aber taten Dienst. Der Herzog der Lothringer, Giselbert, zu dessen Machtbereich dieser Ort [Aachen] gehörte, organisierte alles; Eberhard [Herzog von Franken] kümmerte sich um den Tisch, der Franke Hermann [Herzog von Schwaben] um die Mundschenken, Arnulf [Herzog von Bayern] sorgte für die Ritterschaft sowie für die Wahl und die Errichtung

des Lagers. [...] Der König aber ehrte danach einen
jeden Fürsten freigebig, wie es sich für einen König
gehört, mit einem passenden Geschenk und verab-
schiedete die vielen Leute mit aller Fröhlichkeit.
(Widukind II, 1f.)

Die Beschreibung der Ereignisse durch Widukind ist so detailliert, als wäre er dabei gewesen. Dies wird aber stark bezweifelt, da er die
Krönung der Königin Edgith hier überhaupt
nicht erwähnt. Möglich ist daher, daß Widukind
eine Krönung beschreibt, die erst Jahre später
stattgefunden hat: die Krönung Ottos II. im Jahr
961. Dennoch enthält die Beschreibung Widukinds wichtige Elemente, die seit Otto des
Großen für weitere Krönungen maßgeblich
wurden: Aachen als Ort der Krönung, die Salbung, die Thronsetzung auf den Thron Karls
des Großen.

Das von Widukind geschilderte Einvernehmen
zwischen den Herzögen und dem König war
schon im darauffolgenden Jahr gänzlich zerbro-
chen. Die Jahre 937–941 waren für die Herrschaft Ottos des Großen eine krisenhafte Zeit,
geprägt von Auseinandersetzungen mit den
Herzögen, an denen recht schnell auch die Brüder Ottos beteiligt waren.
Die erste Amtshandlung Ottos als König allerdings galt der Erinnerung an seinen Vater. Im
September 936 gründete Otto in Quedlinburg,
dem Begräbnisort seines Vaters, das St. Servatius-Stift.
Im folgenden Jahr begannen die Auseinandersetzungen, die sich sowohl in der Familie wie
auch bei den Herzögen vor allem um die Be-
rücksichtigung der Erben und der Anerkennung

34

der Machtstellung der Herzöge in ihren Gebieten drehen sollten.

Im Unterschied zu seinem Vater trat Otto der Große das Erbe nicht als einzig überlebender Sohn an. Zwar war die Nachfolge seit 929 geregelt, Ottos jüngster Bruder Brun für die geistliche Erziehung bestimmt, dennoch blieben der ältere Halbbruder Thankmar und der jüngere Bruder Heinrich. Beide hatten Anteile aus dem Erbe des Vaters erhalten, schienen damit aber nicht zufrieden.

Die ersten Auseinandersetzungen begannen mit Thankmar, Sohn Heinrichs aus erster Ehe mit Hatheburg, der Merseburger Grafentochter, und sie entzündeten sich an der Vergabe des Erbes. Zunächst hatte Thankmar von der mütterlichen Hinterlassenschaft nichts erhalten, sondern wurde vom Vater mit anderen Gütern ausgestattet. Als dann auch andere mögliche Erbansprüche 937 übergangen wurden, verstimmte dies Thankmar sehr, wie Widukind schrieb.

Aufstand Thankmars

Thankmar suchte Verbündete und fand einen im fränkischen Herzog Eberhard, der 919 noch an der Erhebung Heinrichs I. zum König beteiligt war. Er empörte sich gegen den König, seinen Halbbruder, kämpfte und verlor am Ende, im Jahr 938, sogar sein Leben: Hinterrücks wurde er, nachdem er in einer Kirche Zuflucht gesucht hatte, am Altar ermordet. Dem fränkischen Herzog Eberhard verzieh Otto der Große. Dieser allerdings verbündete sich recht bald danach mit dem jüngeren Bruder Ottos, Heinrich.

In diesem Fall ging es um die Krone. Feindschaft von Kindheit an, so beschreibt die Biographie ihrer Mutter Mathilde, bestimmte das

Verhältnis der Brüder. Und es ist wohl anzunehmen, daß die Nachfolgeregelung 929 den Beginn dieses Mißverhältnisses bedeutete. 936 nahm Heinrich nicht an den Krönungsfeierlichkeiten in Aachen teil. Er blieb zu Hause in Sachsen, wo er sich unter der Obhut des Grafen Siegfried befand, dem engsten Vertrauten Ottos I.

Aufstand Heinrichs Im Bündnis mit den Herzögen Eberhard von Franken und Giselbert von Lothringen, einem Schwager der Königsfamilie, zog Heinrich gegen Otto. Während der Kämpfe wurde Eberhard getötet, und Giselbert ertrank im Rhein (939). Heinrich konnte allein dem Bruder zunächst keinen weiteren Widerstand leisten.

941 Attentatsversuch Dann fand Heinrich andere Verbündete: Die Krieger Markgraf Geros, aufgerieben durch die ständigen Feldzüge gegen die Slawen und nicht angemessen an der Beute beteiligt, so Widukind, *entbrannten im aufrührerischen Haß gegen Gero, und da der König auf Seiten Geros stand, richtete sich der Haß gegen den König selbst* (Widukind II, 30). Es gelang Heinrich, sich der Krieger durch Geschenke zu vergewissern und *die Sache erwuchs zu so gewaltigem Frevel, daß sie eine mächtige Verschwörung bildeten und den Plan faßten, am Osterfest, das nahe bevor stand, wenn Heinrich selbst zur Pfalz Queldinburg komme, den König zu töten und jenem die königliche Krone aufzusetzen.* (Widukind II, 31)
Der Plan wurde aufgedeckt, Otto traf Gegenmaßnahmen; er umgab sich mit Franken, den Sachsen war in dieser Situation nicht zu trauen, und schlug nach Ostern zu. Er ließ die Rädelsführer festnehmen oder töten. Unter den sächsischen Gegnern befanden sich Erich, der Vater des späteren Halberstädter Bischofs Hildiward

36

(968–998), der *lieber sterben wollte, als sich der Gewalt seiner Feinde zu unterwerfen* (Widukind II, 31) und Liuthar, Großvater des späteren Merseburger Bischofs Thietmar. Liuthar gründete als Sühne für seine Beteiligung das Stift St. Marien in Walbeck (Aller). Heinrich entkam und floh aus dem Reich. Erst auf *Ermahnung und Vermittlung seiner ehrwürdigen Mutter [Mathilde] hin gedachte Otto wieder seines arg mitgenommenen Bruders und setzte ihn an die Spitze des Reichs der Bayern [947]. [...] dann schloß er mit ihm einträchtig Frieden, an dem er [Heinrich] bis an sein Ende [955] treu festhielt.* (Widukind II, 36)

Mit Anfang der 40er Jahre waren die inneren Auseinandersetzungen mit den Herzögen und der Familie beigelegt und mögliche Schwierigkeiten durch geschickte Familienpolitik zudem unterbunden. Heinrich, Bruder des Königs, war seit 947 Herzog von Bayern, der lothringische Herzog Konrad der Rote heiratete Liudgard, die Tochter Ottos, und Liudolf, sein Sohn, wurde mit Ida, der Tochter des schwäbischen Herzogs Hermann, verheiratet und stand damit als dessen potentieller Nachfolger fest.

946 erschütterte der Tod der Königin Edgith die Familie und das Reich.
Dieses Jahr [946] war bemerkenswert durch einen Trauerfall für das ganze Volk, nämlich den Tod der Königin Edgith seligen Andenkens, deren Sterbetag am 26. Januar mit den Klagen und Tränen aller Sachsen begangenen wurde. Sie stammte aus dem Volke der Angeln und glänzte nicht minder durch hohe Frömmigkeit als durch ihre Abkunft aus königlichem Geschlechte. [...] Sie hinterließ einen Sohn

**946
Tod der
Königin
Edgith**

37

*namens Liudolf, der an Trefflichkeit des Leibes und
der Seele keinem Sterblichen zu jener Zeit nachstand, sowie eine Tochter namens Liudgard, die mit
Herzog Konrad verheiratet war. Sie liegt aber
begraben in der Stadt Magdeburg in der neuen Basilika [in basilica nova] im nördlichen Schiff gegen
Morgen [d. h. Osten].* (Widukind II, 41) Dort in
Magdeburg hatte Otto der Große mit Unterstützung seiner Gemahlin im Jahr 937 das Mauritiuskloster errichten lassen, in dem diese nun
ihre Grabstätte fand.

*Nach dem Tod der Königin Edgith übertrug der Kö-
nig die ganze Fülle seiner Liebe zur Mutter auf seinen einzigen Sohn Liudolf und machte ihn durch Testament zu seinem Nachfolger als König. Dieser war
aber damals noch ein zarter Jüngling. Er zählte
nicht mehr als 16 Jahre.* (Widukind III, 1)

**948
Gründung der
Bistümer
Havelberg und
Brandenburg**

In dieser Phase konnte sich Otto weiteren kö-
niglichen Aufgaben stellen: So initiierte er die
Gründungen mehrerer Bistümer, u. a. die von
Havelberg und Brandenburg im Jahr 948. Die
beiden dem Erzbistum Mainz unterstellten Bi-
stümer dienten der Christianisierung der von
Markgraf Gero eroberten Gebiete östlich der
Elbe.

Diese „Ruhephase" dauerte nur kurz. In Italien
war König Lothar gestorben (950) und hinterließ seine 19jährige Frau Adelheid sowie eine
Tochter, Hemma. In den folgenden Auseinandersetzungen um die Nachfolge wurde Adelheid von Berengar, Markgraf von Ivrea, der sich
als König anerkennen ließ, in einer Burg am
Gardasee gefangengesetzt.

*Da ihm [Otto] die Vorzüge der obengenannten Köni-
gin [Adelheid] nicht verborgen blieben, beschloß er,*

sich unter dem Vorwand einer Romreise aufzuma-
chen. Und als man in die Lombardei gelangt war,
versuchte er, mit Geschenken aus Gold die Liebe der
Königin zu ihm als vorteilhaft erscheinen zu lassen.
Nachdem er zuverlässig ins Bild gesetzt war, heira-
tete er sie und erhielt mit ihr die Stadt Pavia, die kö-
nigliche Stätte. (Widukind III, 9)

Die Heirat Ottos mit Adelheid hatte nicht nur politische Folgen, unter denen die Ausdehnung des ostfränkischen Reiches auf Italien und der Erhalt der italienischen Königskrone sicherlich die bedeutendste war, aber auch die problemati-schere. Die Auseinandersetzungen um die Kro-ne Italiens, die Berengar zeit seines Lebens nicht kampflos aufgeben sollte, beschäftigten auch die Nachfolger Ottos noch lange.

951
Heirat Ottos I.
mit Königin
Adelheid

Die Heirat besaß ebenso Brisanz für das fami-liäre Umfeld Ottos. Die Italienpolitik berührte das Herrschaftsgebiet seines Bruders Heinrich, des Herzogs von Bayern, genau wie das schwä-bische Herzogtum seines Sohnes Liudolf. Hein-rich war während des Italienzuges zur Befreiung der Königin erfolgreich gewesen. Er unterstütz-te Adelheid, begleitete sie nach Pavia, was seine Schwägerin ihm ihr Leben lang danken sollte, und erhielt 952 die Marken Aquileja und Vero-na.

Liudolf, der auch nach Italien gezogen war, ging leer aus und machte dafür seinen Onkel verant-wortlich. Und es traten weitere Probleme auf: Liudolf, zum Nachfolger Ottos bestimmt, be-kam recht schnell Geschwister.

Es wurden dem König drei Söhne von der erlauchten
Königin geboren, zuerst Heinrich, dann Brun, als
dritter der mit des väterlichen Namens Hoheit ge-
zierte, den bereits der ganze Erdkreis nach seinem
Vater als Herrn und Kaiser erwartet [Otto II.]; sowie

durch den Namen seiner ehrwürdigen Mutter aus-
gezeichnet eine Tochter [Mathilde]. (Widukind III,
12)

Was auch immer Liudolf bewogen hat, der Haß
auf seinen Onkel Heinrich oder eine befürchtete Zurückweisung in der Nachfolge, die nächsten Jahre waren geprägt von kriegerischen Auseinandersetzungen, in denen es um die Nähe
zum König ging. Liudolf fand Verbündete, seinen Schwager Herzog Konrad und den Erzbischof Friedrich von Mainz, und wandte sich
zunächst gegen seinen Onkel. Otto und auch
Adelheid stellten sich auf die Seite des Bruders
und Schwagers. Damit richteten sich die Kämpfe Liudolfs gegen den Vater. Diese Kämpfe
sorgten nicht nur im Inland für Aufsehen und
Empörung, sondern auch über die Grenzen des
Reiches hinaus:
Er [Otto der Große] behält nicht die ganze Gewalt in
seinen Händen, sondern läßt den Seinen große
Selbständigkeit und ganze Teile seines Reiches. Er
glaubt wohl, sie dadurch in größerer Treue und Er-
gebenheit zu erhalten, täuscht sich indes darin sehr,
denn er nährt dadurch nur ihren Übermut und ihre
Widerspenstigkeit. Das zeigte sich jüngst an seinem
Schwiegersohn, der ihm den eigenen Sohn treulos
verführte, sich gegen den König empörte und das
femde Ungarvolk mitten in seine Lande führte und
sie verheerte. (Khalif Abderrhaman III. von Cor-
doba, aus dem Leben des Johannes von Gorze,
MGH SS IV, 335)

Die Situation im Reich hatte erneute Angriffe
der Ungarn zur Folge, die plündernd durch
Bayern und Schwaben zogen. Aufgehalten wurden diese zunächst vor den Toren Augsburgs

40

durch den dortigen Bischof Ulrich, der selbst die Truppen anführte, allerdings ohne Waffen, wie die Quellen berichten.

In dieser bedrohlichen Lage gelang es Otto, Liudolf und Konrad zu unterwerfen und ihnen ihre Herzogtümer zu entziehen, die ehemaligen Verschwörer aber zugleich in die Kämpfe gegen die Ungarn einzubinden. Schließlich brauchte man in der gegenwärtigen Situation jeden Mann. Otto sammelte sein Heer am Vorabend des 10. August 955 auf dem Lechfeld bei Augsburg. Sächsische Kontingente blieben der Schlacht fern, es drohten Angriffe der Slawen. Der König gelobte dem hl. Laurentius, daß er in Merseburg ein Bistum errichten würde, wenn er denn die Ungarn besiegen könnte. Mit der Heiligen Lanze als Siegeszeichen führte er das Heer in die Schlacht und ging als Sieger daraus hervor. Sein Schwiegersohn Konrad wurde im Kampf getötet. Die ungarischen Gefangenen, soweit man überhaupt welche machte, wurden Heinrich, Herzog von Bayern, übergeben, der, schon sterbenskrank, nicht an der Schlacht teilgenommen hatte. Heinrich ließ die Gefangenen hinrichten.

10. August 955 Sieg über die Ungarn auf dem Lechfeld

Der Erfolg über die Ungarn bedeutete für das Königtum Ottos des Großen ebensoviel wie schon für seinen Vater Heinrich I. Wie auch er, ließ Otto den Siegestag in Gedenkbücher eintragen und in Gebeten dafür danken. Mit dem Sieg galt es den Zeitgenossen als offensichtlich, daß die Königsherrschaft Ottos unter dem Schutz Gottes stand. *Nimm dieses Schwert, auf daß du alle Feinde Christi verjagst, die Heiden und schlechten Christen, da durch Gottes Willen dir alle Macht im Frankenreich übertragen ist, zum uner-*

schütterlichen Frieden für alle Christen, so hatte Widukind anläßlich der Krönung Ottos dem Erzbischof von Mainz geschrieben. Und so beschrieb gerade Widukind, daß der König nach der Schlacht von seinem Heer zum Kaiser, *imperator*, zum Vater des Vaterlandes, *pater patriae*, ausgerufen worden sei, stellte damit die sieben Jahre später erfolgte Kaiserkrönung in den unmittelbaren Zusammenhang mit dem Ungarnsieg. Auch wenn der Corveyer Mönch dabei wohl auf antike Vorstellungen einer Kaiserwürde, die aufgrund siegreicher Schlachten durch das Heer verliehen wurde, zurückgriff, der Triumph über die Ungarn war ein wichtiger Erfolg auf dem Weg zur Kaiserkrönung.

seit 955 (Erz-)bistumspläne Ottos I. Nach dem Sieg über die Ungarn ging Otto der Große an die Errichtung des Erzbistums Magdeburg. Wenn auch, wie Thietmar von Merseburg überlieferte, Inhalt des geleisteten Gelübdes die Errichtung eines Bistums Merseburg zu Ehren des hl. Laurentius sein sollte, berichtet wird von diesen Plänen zunächst einmal nichts. Die ersten Hinweise auf Pläne Ottos deuten auf eine Erhebung Magdeburgs hin. Unmittelbar nach der Lechfeldschlacht richtete Wilhelm, der Sohn Ottos, seit 954 Erzbischof von Mainz, einen Brief an Papst Agapet, in dem er sich empört gegen die Pläne seines Vaters wandte. Es war die Verlegung des Halberstädter Bischofssitzes nach Magdeburg und damit wohl eine geplante Erhebung Magdeburgs zu einem Erzbistum, die die massiven Proteste des Erzbischofs hervorrief, hätte doch eine solche Veränderung unmittelbar Mainzer Einflüsse betroffen. Der Protest hatte kurzzeitigen Erfolg, von den Plänen Ottos I. ist erst nach seiner Kaiserkrönung wieder die Rede.

Im Herbst des Jahres 961 brach Otto zu seinem zweiten Italienzug auf. Anlaß boten die Verhältnisse in Italien: Berengar hatte seine Ansprüche auf die italienische Krone seit 950 nicht ruhen lassen. Otto hatte 956 den wieder in Gnade aufgenommenen Sohn Liudolf nach Italien geschickt, der, ohne weiteres ausrichten zu können, auf diesem Feldzug verstorben war. Zu Weihnachten 960 erging die Bitte der durch Berengar vertriebenen Bischöfe, italienischer Adliger und auch des Papstes an den König, in Italien einzugreifen und Berengar abzusetzen. Mit wichtigen Entscheidungen bereitete Otto den Italienzug vor, dessen hauptsächliches Ziel die Kaiserkrönung sein sollte. So ließ er im Mai 961 auf einem Hoftag in Worms seinen sechsjährigen Sohn Otto, die anderen erwähnten Brüder waren verstorben, zum König wählen und ihn am 26. Mai 961 in Aachen salben und krönen. Nicht nur Otto wurde versorgt, auch seine Tochter Mathilde scheint in diesem Jahr, wohl auch im Alter von sechs Jahren, zur Äbtissin von Quedlinburg vorgesehen worden zu sein.

961–965
2. Romzug
Ottos I.

Von Augsburg aus zogen dann Otto der Große und seine Gemahlin in zahlreicher Begleitung über die Alpen und erreichten, ohne Zwischenfälle, zu Weihnachten die Heimat Adelheids, Pavia. Im Januar 962 zog der Hof in Rom ein und unmittelbar nach der Ankunft, am 2. Februar, wurden Otto und Adelheid durch Papst Johannes XII. gesalbt und gekrönt.

2. Februar 962
Kaiserkrönung
Ottos und
Adelheids

Im Anschluß an die Kaiserkrönung fand in Rom eine Synode statt, auf der unter anderem die Bistumspläne Ottos des Großen wieder aufgenommen wurden, die sich gegenüber 955 entscheidend verändert hatten.

Einen Tag bevor Otto dem Papst in einer Urkunde, dem sogenannten Ottonianum, großzügige Rechte und Ansprüche auf Besitz zusicherte, erhielt er von Johannes XII. am 12. Februar 962 eine Bestätigung, in der das Mauritiuskloster in Magdeburg zu einem Erzbistum erhoben und diesem ein neuzugründendes Bistum Merseburg unterstellt werden sollte. Von Halberstadt war nicht mehr die Rede, jedenfalls nicht mehr direkt. Die Neuerrichtung eines Merseburger Bistums allerdings ging auf Kosten der Halberstädter Diözese. Dies rief in der Folge den Widerstand des Halberstädter Bischofs Bernhard hervor, ohne dessen Zustimmung Kaiser Otto und auch Papst Johannes XII. diese Pläne nicht in die Tat umsetzen konnten.

Unmittelbar nach den Verhandlungen wandte sich Otto gegen Berengar. Die Auseinandersetzungen um das italienische Königreich waren in der Folge geprägt von unterschiedlichen Bündnissen italienischer Adliger und Bischöfe für oder gegen Berengar, in die dann auch Papst Johannes XII. zugunsten Berengars eingriff und sich damit gegen Otto den Großen stellte. Damit zeigten sich schon in den Jahren unmittelbar nach der Kaiserkrönung die Schwierigkeiten, die mit der Herrschaft in Italien und der römischen Kaiserkrone verbunden waren und die Politik der „deutschen" Könige jahrhundertelang mitbestimmten: rivalisierende Interessen einzelner Adelsgruppen in Italien sowie die Rolle des Papstes in Rom.

965
Tod des
Markgrafen
Gero

Otto der Große kehrte 965 aus Italien zurück und war für kurze Zeit wieder im Reich präsent. Geregelt wurde während dieser Zeit die Nachfolge des im Mai des Jahres verstorbenen Markgrafen Gero. Sein Herrschaftsbereich, der sich etwa von Havelberg im Norden bis Naumburg/Weißenfels im Süden erstreckte, wurde durch Otto in nicht weniger als sechs neue Markgrafschaften aufgeteilt, wohl ein Versuch, zu große Machtkonzentration in einer Hand zu vermeiden.

Während seines Aufenthaltes in Sachsen gelang es Otto jedoch nicht, die Gründung des Erzbistums Magdeburg und des Bistums Merseburg durchzusetzen. Hier erwies sich der Halberstädter Bischof Bernhard als harter Gegner. Während eines Aufenthalts in Quedlinburg 966 hatten Otto und Bernhard Gelegenheit zum Gespräch. Auf diesem Hoftag, auf dem Mathilde, die Tochter Ottos, zur Quedlinburger Äbtissin geweiht wurde, scheint es zwischen dem Kaiser und dem Bischof zum Eklat gekommen zu sein. So berichten die Quellen von einer Gefangennahme Bernhards, von der Exkommunikation des Kaisers und einem anschließenden Bußgang nach Halberstadt. Letztendlich kam es zu der Einigung, die Bistumspläne Ottos zu Lebzeiten Bernhards nicht mehr zu behandeln.

Ende 966 brach Otto wiederum nach Italien auf, zu einem Aufenthalt, der fast sechs Jahre dauern sollte, und auch für Sachsen wichtige Veränderungen brachte. So wurde auf einer Synode in Ravenna 967 wiederum die Errichtung des Erzbistums Magdeburg behandelt, die dann Mitte des nächsten Jahres in die Tat umgesetzt werden konnte: nicht zuletzt deshalb, da die bisherigen Kontrahenten der Pläne, Bernhard, Bischof von Halberstadt, und Wilhelm, Erzbischof von Mainz, gestorben waren. Zu Weihnachten 968 wurde Adalbert als erster Erzbischof des neuge-

966–973
3. Italienzug
Ottos I.

45

Weihnachten
968
Weihe
Adalberts zum
1. Erzbischof
von
Magdeburg

gründeten Erzbistums in Magdeburg gefeiert, die Bischöfe der ebenfalls neugegründeten Bistümer Zeitz, Meißen und Merseburg geweiht, und die schon 948 gegründeten Bistümer Havelberg und Brandenburg dem neuen Erzbistum Magdeburg unterstellt.

Vorbereitet wurde während des Italienaufenthaltes auch ein Ausgleich mit Byzanz. Die byzantinischen Kaiser sahen sich ebenfalls als Nachfolger der antiken „römischen" Kaiser, so daß die Kaiserkrönung Ottos von ihnen nicht anerkannt wurde. Diese Anerkennung erreichte Otto nicht zuletzt durch Verhandlungen, die eine mögliche Heirat seines Sohnes mit einer byzantinischen Kaisertochter, einer im kaiserlichen Palast geborenen Tochter, einer sogenannten Purpurgeborenen (*Porphyrgeneta*) zum Inhalt hatten. Eine wichtige Protokollfrage war schon 967 geklärt worden, die Krönung und Salbung Ottos II. zum Mitkaiser. 972 waren die Umstände günstig: in Byzanz hatte Johannes Tzimiskes im Handstreich den Kaiserthron erobert. Er stand einem Ausgleich mit Otto dem Großen positiv gegenüber und schickte seine Nichte Theophanu als Braut für Otto II. nach

Rom. Zu Ostern 972 wurden Otto II. und Theophanu von Papst Johannes XIII. getraut und Theophanu zur Kaiserin gekrönt. In einer besonders prachtvollen Heiratsurkunde übertrug Otto II. seiner Gemahlin neben großen Besitzungen in Italien auch Güter in Sachsen, Herford, Tilleda und Nordhausen.

Der langjährige Aufenthalt Ottos des Großen in Italien bedeutete gleichzeitige Abwesenheit in den Herzogtümern diesseits der Alpen. Da aber Königsherrschaft Präsenz am Ort erforderte, sich dort wirksam zeigte, mußte der König auch möglichst viele Orte aufsuchen.

Besonders in Sachsen sorgte die fehlende Gegenwart des Kaisers für Aufregung, nahezu für Rebellion, wie Widukind von Corvey und Thietmar von Merseburg berichten. In Magdeburg, in der königlichen Stadt, hatte Ottos Stellvertreter in Sachsen, Hermann Billung, mit Unterstützung des Magdeburger Erzbischofs im Frühjahr 972, zu Palmsonntag, königliches Zeremoniell in Anspruch genommen. Dieses wurde Otto nach Rom gemeldet, die Rückkehr des Kaisers war dringend erforderlich und erfolgte noch im gleichen Jahr. 973 hielt er sich wieder in Sachsen auf und suchte dabei zunächst Magdeburg und dann Quedlinburg auf, die zentralen Orte königlicher Herrschaft in Sachsen. Dort demonstrierte er, in Magdeburg mit der Feier des Palmsonntags und in Quedlinburg mit der Osterfeier zum letzten Mal eindrucksvoll sein Königtum. Wenige Wochen später starb Otto der Große am 7. Mai 973 in der Pfalz Memleben und wurde auf eigenen Wunsch im Dom zu Magdeburg begraben.

7. Mai 973
Tod Ottos I.
in Memleben
Begräbnis in
Magdeburg

„Er Otto der Große selbst [...] war vor allem ausgezeichnet durch Frömmigkeit, in seinen Unternehmungen unter allen Sterblichen der beständigste, abgesehen von dem Schrecken der königlichen Strafgewalt immer freundlich, im Schenken freigiebig, im Schlafen mäßig, während des Schlafes redete er immer, so daß es den Anschein hatte, als ob er stets wache. Seinen Freunden war er in allem willfährig und von übermenschlicher Treue. [...] Seine Geistesgaben waren bewunderungswürdig, denn nach dem Tode der Königin Edgith lernte er die Schrift, die er vorher nicht kannte, so gut, daß er Bücher durchaus lesen und verstehen konnte. Außerdem verstand er in

*romanischer und slawischer Sprache zu reden. Doch
geschah es selten, daß er es für angemessen hielt, sich
derselben zu bedienen. Auf die Jagd ging er häufig,
liebte das Brettspiel, übte zuweilen die Anmut des
Reiterspiels mit königlichem Anstand. Hierzu kam
noch der gewaltige Körperbau, der die volle königliche Würde zeigte, das Haupt mit dem ergrauenden
Haar bedeckt, die Augen funkelnd und wie ein Blitz
durch plötzlich treffenden Blick einen eigenen Glanz
ausstrahlend, das Gesicht rötlich und der Bart reich-
lich niederwallen, und zwar gegen den alten Brauch.
Die Brust war wie mit einer Löwenmähne bedeckt,
der Bauch nicht zu voll, der Schritt einst rasch, jetzt
gemessener, seine Kleidung die heimische, die er nie
mit fremder Sitte vertauscht hat.* (Widukind II, 36)

Deutlicher als sein Vater setzte Otto I. von Beginn an seine Königsherrschaft durch. Er überging Erbschaftsansprüche, auch die in der Familie, und nahm königliche Rechte gegenüber den
Herzögen wahr. Eroberungen östlich der Elbe
vergrößerten das Einflußgebiet des Königs. Diese Gebiete boten Einnahmequellen, die auch
der sächsische Adel zu nutzen wußte.
Die italienische Königskrone (951) und der Sieg
über die Ungarn (955) waren wichtige Voraussetzungen für die Kaiserkrönung Ottos I. und
seiner Gemahlin Adelheid.

Königliches Kernland war Ostsachsen: Magdeburg und Quedlinburg wurden wichtige Stätten
für König und Kaiser. Unter seinen Nachfolgern sollte sich dies allmählich ändern. Thietmar von Merseburg, der die Zeit Ottos des
Großen als goldene bezeichnet, spricht von dem
ehernen und eisernen Zeitalter der Nachfolger.
Dies schätzte er nicht zuletzt so ein, weil er

Sachse war und Sachsen unmittelbar mit den ottonischen Königen verbunden sah, diese eigentlich sächsische Könige waren.

Otto II.

Otto II. trat achtzehnjährig unangefochten die
Nachfolge seines Vaters an. Seine Krönung zum
Mitkönig im Jahre 961 in Aachen und zum Mitkaiser 967 in Rom boten dafür die besten Voraussetzungen. Ihm zur Seite standen seine Mutter Adelheid, die Kaiserinwitwe, und seine Gemahlin, Kaiserin Theophanu.

Doch wie in der Generation zuvor gab es Spannungen in der Familie, die recht bald größere
Ausmaße annahmen. Opponent des Kaisers war
sein Vetter Heinrich, Herzog von Bayern, der
später den Beinamen „der Zänker" erhalten
sollte. Von ihm wird berichtet, daß er sich 974
mit Herzog Boleslaw II. von Böhmen und wohl
auch mit Herzog Mieszko I. von Polen gegen
Otto II. verbündet haben soll. Davon in Kenntnis gesetzt, lud der Kaiser seine Kontrahenten
974 auf einen Hoftag vor und drohte bei Nichterscheinen mit harten Strafen. Die Drohung
zeigte Wirkung, die Beklagten erschienen.
Heinrich der Zänker wurde in Ingelheim in
Haft gesetzt. Die Herzöge von Böhmen und Polen konnten nach Hause zurückkehren. Seit 976
wieder in Bayern, begann Heinrich erneut, gegen Otto II. vorzugehen und mußte, nach einer
Belagerung in Regensburg, nach Böhmen fliehen. Jetzt standen auch sächsische Adlige auf
Seiten Heinrichs, etwa Graf Dedi von Wettin
und Markgraf Gunther von Merseburg. Otto
entzog Heinrich das Herzogtum Bayern und lud

Otto II.
(973–983)

974–978
Auseinander-
setzungen
mit Heinrich
dem Zänker

den böhmischen Herzog 978 zu einem Hoftag nach Quedlinburg vor. Dort unterwarf sich Boleslaw II. ein weiteres Mal, Heinrich hingegen, als „Wiederholungstäter" (Althoff), wurde angeklagt und nach Utrecht in Haft geschickt, wo er bis zum Tode Ottos II. im Jahr 983 blieb. Die hier begonnenen Verbindungen zwischen der bayrischen Linie der Liudolfinger und dem Herzog von Böhmen sollten Bestand haben.

Auch zwischen der Kaiserinwitwe Adelheid und dem Ehepaar Otto und Theophanu gab es Spannungen, die dazu führten, daß Adelheid den Hof verließ und sich seit etwa 978 in Burgund aufhielt. Anlaß für diese Meinungsverschiedenheiten könnte der Konflikt mit den bayerischen Ottonen gewesen sein. Adelheid, die in Italien große Unterstützung durch ihren zukünftigen Schwager Heinrich erhalten hatte, richtete den Dank auch auf die nächsten Generationen dieser Familie, und stand daher Heinrich dem Zänker bei.

Otto II. in Sachsen

Während dieser ersten Jahre der Regentschaft hielt sich Otto II. überwiegend in Ostsachsen/Nordthüringen auf. Er besuchte und förderte die Stätten, die schon während der Herrschaft seiner Vorfahren zentrale Orte gewesen waren: Quedlinburg und Magdeburg. Darüber hinaus setzte er auch andere Schwerpunkte. Die von ihm am häufigsten besuchte Pfalz im ganzen Reich war Allstedt. Die Gründe für diese Bevorzugung lassen sich aus den Quellen nicht erschließen. Die häufigen Aufenthalte Ottos II. in diesem Gebiet fügen sich allerdings in einen größeren politischen Zusammenhang, der das für seinen Vater so wichtige Bistum Merseburg

betraf. Dieses Bistum, das Otto I. in Erfüllung
eines Gelübdes gegründet hatte, erwies sich
schon bald als das am wenigsten ausbaufähige
unter den Neugründungen des Jahres 968. Auch
Schenkungen an den von Otto II. und Theophanu geschätzten Bischof Giselher von Merseburg konnten die strukturellen Nachteile des
Bistums nicht beheben.

Im Jahre 979 gründeten Otto II. und Theophanu in Erinnerung an Otto I. in Memleben, dem
Sterbeort des Kaisers, das Benediktinerkloster
St. Marien. Da Otto II. diese Gründung mit großen Besitzungen ausstattete, die eher dem Bistum Merseburg zugestanden hätten, scheint hier
ein erster Schritt zur Neuordnung der Bistumspolitik seines Vaters getan worden zu sein.

**979
Gründung
des Klosters
Memleben**

980 zog Otto II. erstmals nach Italien. Ihn begleiteten Theophanu und der in diesem Jahr ge-
borene Thronfolger Otto (III.). In Pavia kam es
zur Aussöhnung zwischen Adelheid, Otto II.
und Theophanu.
Während seines Aufenthaltes in Rom 981 wurde dem Kaiser von einer Magdeburger Delega-
tion der Tod des ersten Magdeburger Erzbischofs Adalbert gemeldet. Unter Berufung auf
das freie Wahlrecht, das zwei Jahre zuvor der
Kaiser dem Magdeburger Domkapitel gewährt
hatte, präsentierten sie ihm ihren Kandidaten
für die Nachfolge, Ohtrich, den Leiter der Magdeburger Domschule. Dieser war dem Kaiser
wohlbekannt. Otto II. hatte kurz zuvor selbst eine Diskussion zwischen Ohtrich und Gerbert
von Aurillac, die als die gelehrtesten Männer ihrer Zeit galten, geleitet, in der es um die Eintei-
lung der Wissenschaften ging.

**980–983
Otto II.
in Italien**

Doch der Kaiser hatte andere Pläne und nutzte die Vakanz des Erzbischofsstuhls, um diese umzusetzen. Giselher, Bischof von Merseburg, wurde Erzbischof von Magdeburg. Im Einvernehmen mit Papst Benedikt VII. wurde im September 981 das Bistum Merseburg aufgehoben mit der Begründung, der Halberstädter Bischof hätte der Errichtung des Bistums Merseburg nicht zugestimmt. Die Besitzungen Merseburgs gingen zum Großteil an Halberstadt zurück, das übrige erhielten die Bistümer Zeitz und Meißen.

Die Aufhebung des Bistums Merseburg stieß bei den Zeitgenossen in Sachsen auf geteilte Meinungen. Die Halberstädter hatten Anlaß zur Freude: sie sahen die Entscheidung nicht zuletzt als Zeichen des Schutzheiligen ihres Bistums, des hl. Stephanus. Brun von Querfurt und besonders Thietmar von Merseburg betrachteten die Aufhebung des Bistums dagegen als Affront gegen den Merseburger Schutzheiligen, den hl. Laurentius. Und Thietmar, der Bischof des 1004 wieder eingerichteten Bistums Merseburg, war es, der in seiner Chronik die folgenden Ereignisse als Strafe für diese Entscheidung Ottos II. interpretierte: die verlustreiche Niederlage des Heeres Ottos II. im Kampf gegen die Sarazenen bei Cap Colonne in der Nähe des heutigen Cotrone in Süditalien 982, den Slawenaufstand im Sommer 983, in dem Brandenburg und Havelburg zerstört wurden, und sogar den frühen Tod des Kaisers im Dezember 983.

Vor seinem Tode hatte Otto II. seinen dreijährigen Sohn Otto auf einem Hoftag in Verona zum Nachfolger wählen und in Begleitung des Erzbischofs von Ravenna nach Aachen bringen lassen, um Otto dort zum König krönen zu lassen. Unerwartet starb Otto II. an den Folgen einer Fiebererkrankung am 7. Dezember 983 in Rom in Anwesenheit seiner Gemahlin Theophanu. Begraben wurde er in Alt-St. Peter in Rom.

7.12.983
Tod Ottos II.
in Italien

In Rekordzeit, glaubt man den Quellen, wurde sein Tod nach Aachen gemeldet und platzte in die dortigen Krönungsfeierlichkeiten. Jetzt war der dreijährige Otto III. König. Die Mitglieder der kaiserlichen Familie, Adelheid und Theophanu befanden sich in Italien. Nun galt es zu klären, wer die Vormundschaft für den König übernehmen sollte.

Otto III.

Im Verständnis der Zeit kam zunächst nur einer für diese Aufgabe in Frage, der älteste männliche Verwandte, der inhaftierte Heinrich der Zänker, ehemaliger Herzog von Bayern.
Heinrich wurde aus der Haft entlassen und nahm den unmündigen Otto in seine Obhut. Doch Heinrich gab sich nicht mit einer bloßen Vormundschaft zufrieden, er hatte andere Pläne. Und diese wurden offenkundig, als Heinrich der Zänker sich nach Sachsen begab und an den Orten nach Verbündeten suchte, die für die Ottonen so wichtig waren: Magdeburg und Quedlinburg. Hier, an den Zentren ottonischer Herrschaft, sollte es nicht mehr um die Anerkennung einer Vormundschaft gehen, hier ging es um die Nachfolge als König. An Palmsonntag des Jahres 984 traf er sich zunächst in Magdeburg mit potentiellen För-

Otto III.
(983–1002)

derern seiner Pläne, dann Ostern in Quedlinburg. Er mußte allerdings einsehen, daß die erwartete Unterstützung nicht ausreichend war: sie war groß in Bayern, wenig überzeugend in Sachsen und in Franken, nicht vorhanden in Schwaben. Vor diesem Hintergrund ließ Heinrich es nicht auf eine bewaffnete Auseinandersetzung ankommen und gab sein Vorhaben auf.

Bruder, kennst du noch den Vers, den alles Volk sang? Herzog Heinrich wollt regieren, Gott der Herr wollt's leider nicht! (Thietmar V, 2)

Der Verzicht Heinrichs wurde nach Pavia gemeldet, wo sich Adelheid und Theophanu aufhielten, sie machten sich auf den Weg und übernahmen in Rohr (in der Nähe von Meiningen/ Thüringen) Otto aus den Händen des Zänkers.

985 Anerkennung Ottos III. durch Heinrich den Zänker

Heinrich erhielt nach einigen Verhandlungen sein Herzogtum zurück und erkannte 985 in Frankfurt seinen Neffen Otto als König an. Um die Königsherrschaft Ottos III. deutlich zu machen, wurde im darauffolgenden Jahr eine große Feier in Quedlinburg abgehalten, während der die vier Herzöge Heinrich von Bayern, Konrad von Schwaben, Heinrich von Kärnten und Bernhard von Sachsen wie bei einer Königskrönung Dienst taten. Auch Boleslaw I., Herzog von Böhmen, und Mieszko I., Herzog von Polen, waren anwesend und huldigten dem König.

985–991 Vormundschaft Theophanus

991–994 Vormundschaft Adelheids

Die Vormundschaft für den König übernahm jetzt zunächst die Mutter Theophanu (bis zu ihrem Tode 991), dann die Großmutter Adelheid bis zur Mündigkeit des Enkels im Jahr 994. Beiden Kaiserinnen gelang es während ihrer Vormundschaft, den immer notwendigen Aus-

gleich mit den Großen des Reiches zu gewähr-
leisten, allerdings mit unterschiedlichen Akzen-
ten. Theophanu förderte besonders die Gegner
Heinrichs des Zänkers. So setzte sie 984 Ekkehard I. als Markgraf von Meißen ein, der wiederum die böhmischen Verbündeten Heinrichs
aus dem Gebiet um Meißen vertrieb. In den
Auseinandersetzungen zwischen dem polnischen Herzog Mieszko I. und dem böhmischen
Herzog Boleslaw II. unterstützte sie in ottonischer Tradition Mieszko I. Die Jahre ihrer Regentschaft waren vor allem durch verschiedene
Kriegszüge geprägt, die die Rückeroberung der
von den Slawen 983 eroberten Gebiete zum Ziel
hatten. Dieses Vorhaben erwies sich letztendlich als nicht realisierbar.

Der Familie Heinrichs des Zänkers, ihres Neffen, war Adelheid zugeneigt. Sie erschien in der
Zeit der Regentschaft Theophanus dann am
Hof, wenn es um Belange Heinrichs ging. Darüber hinaus bezog Adelheid in der Frage des
Merseburger Bistums eindeutig Position. Wohl
auf ihre Initiative hin wurde 992 in Halberstadt
die Weihe des neuen Domes in der stattgefundenen Form gefeiert. Diese Feier gilt als Anerkennung der Aufhebung Merseburgs.

Mit dem Erreichen seines vierzehnten Lebens-
jahres 994 übernahm Otto III. die Regentschaft.
Nur wenige Male hielt er sich während dieser in
Sachsen auf. Es ist geradezu auffällig, daß er
manche Orte, die er vorher in Begleitung seiner
Mutter Theophanu und später seiner Großmutter Adelheid aufgesucht hatte, nicht mehr besuchte, etwa die auch von seinem Vater so ge-
schätzte Pfalz Allstedt.

**994
Beginn der
Regentschaft
Ottos III.**

996 unternahm Otto seinen ersten Romzug und wurde am 21. Mai 996 in Rom zum Kaiser gekrönt.

Die Aufenthalte in Sachsen nach dieser Zeit, so etwa im Jahr 997, sind durch weitere Züge gegen slawische Stämme gekennzeichnet, die die Feldzüge in den Jahren nach dem Aufstand von 983 fortsetzten.

Spätestens seit 997, dem Beginn des zweiten Romzugs Ottos (997–999), wurden weitere, für Sachsen wichtige Entscheidungen thematisiert: die Wiederherstellung des Bistums Merseburg, eine Aufgabe, deren Umsetzung sich noch bis 1004 hinziehen sollte. Während der Zeit des Romzuges wurde die Schwester des Kaisers, Äbtissin Mathilde von Quedlinburg, als Stellvertreterin eingesetzt. Bis heute ist nicht gesichert, ob sich diese Stellvertretung auf das Reich ausdehnte oder auf Sachsen konzentriert war.

Nicht nur das Bistum Merseburg, auch das Erzbistum Magdeburg wurde in die weitere Politik Ottos III. einbezogen. 999/1000 unternahm Otto eine Pilgerfahrt nach Gnesen. Hier befand sich das Grab Adalberts, des Bischofs von Prag, der während seiner Mission bei den Pruzzen 997 das Martyrium erlitten hatte und auf Betreiben Ottos III. heiliggesprochen wurde. An diesem Ort gründete Otto das Erzbistum Gnesen. Die Errichtung des Erzbistums Gnesen im Jahre 1000 mit den ihm unterstellten Bistümern Kolberg, Krakau und Breslau schuf die Voraussetzung für die (kirchliche) Unabhängigkeit der Gebiete östlich der Elbe von Magdeburg.

Boleslaw Chrobry, der 992 die Nachfolge seines Vaters Mieszko I. als Herzog in Polen antrat, soll anläßlich dieser Ereignisse von Otto III.

zum König erhoben wurden sein, so berichten es zumindest spätere polnische Quellen. Thietmar von Merseburg, Sachse, in Kenntnis der weiteren Geschichte, berichtet, daß Otto III. Boleslaw von einem tributpflichtigen Herzog zu einem Herrn gemacht habe. Boleslaw Chrobry erhielt aus diesem Anlaß eine Kopie der Heiligen Lanze, des wichtigsten Herrschaftssymbols der Ottonen. Otto III. intensivierte damit die guten Beziehungen zwischen der polnischen Herzogsfamilie und den ottonischen Herrschern.

Auf der Rückreise von Gnesen zog Otto durch Sachsen nach Aachen. Er nahm Aufenthalt in Magdeburg, behandelte dort mit Erzbischof Giselher die Frage der Wiederherstellung des Bistums Merseburg. Giselher weigerte sich und konnte eine Vertagung der Entscheidung erreichen. Über Quedlinburg, wo Otto mit seiner Schwester Adelheid, Nachfolgerin der 999 verstorbenen Äbtissin Mathilde, das Osterfest feierte, gelangte er nach Aachen.

Otto III. intensivierte die alten, auf karolingische Traditionen zurückgehenden Verbindungen zu dieser Stadt. Neben Rom war ihm Aachen der wichtigste Ort, und er stattete die Pfalz und das dortige Stift überaus reich aus. Höhepunkt dieser Verehrung für Aachen und der damit verbundenen Karlstradition war die Öffnung des Grabes Karls des Großen im Jahre 1000. *Da er über die Ruhestätte der Gebeine Kaiser Karls im Unklaren war, ließ er an der vermuteten Stelle heimlich den Bodenbelag aufbrechen und nachgraben, bis man sie auf königlichem Throne fand. Nach Entnahme des goldenen Halskreuzes und eines Teils der noch unvermoderten Gewänder legte*

man das übrige in tiefer Ehrfurcht wieder hinein.
(Thietmar IV, 47)

Rom und Aachen waren Leitbilder der Politik Ottos III. Er stellte diese Politik unter den Begriff *„Renovatio imperii Romanorum"*, die Erneuerung des Reiches der Römer.

Diese Hinwendung nach Rom nahmen besonders die Sachsen dem Kaiser übel. Das politische Konzept, das hinter der Erneuerung des römischen Reiches stand, bedeutete in der Konsequenz, so befürchtete etwa Brun von Querfurt, die Abwendung des Kaisers von Sachsen. Zugleich trieb die neue Politik, nach Ansicht der sächsischen Zeitgenossen, auch seltsame Blüten. *In der Absicht, das großenteils verfallene altrömische Brauchtum in seiner Zeit zu erneuern, traf der Kaiser vielerlei Maßnahmen, die eine sehr unterschiedliche Aufnahme fanden. So pflegte er ganz allein an einem halbkreisförmigen Tische zu tafeln.* (Thietmar IV, 47)

24.1.1002
Tod Ottos III.
Otto III. starb mit 21 Jahren, kinderlos, am 24. Januar 1002 in Paterno, am Monte Soracte. Wohl auf Wunsch Ottos III. ließ Erzbischof Heribert von Köln, einer der engsten Vertrauten des Kaisers, die Leiche über die Alpen nach Aachen bringen, um sie dort bestatten zu können. Die Nachfolge war weder durch eine Bestimmung des Kaisers selbst noch durch einen Erben geregelt worden, eine Situation, die seit Antritt Heinrichs I. nicht mehr vorgekommen war. So gab es gleich mehrere Kandidaten für die Thronfolge; zunächst diejenigen, die sich aus verwandtschaftlichen Gründen für geeignet hielten: Heinrich (IV.), Herzog von Bayern,

Sohn des Zänkers († 995), Urenkel Heinrichs I., und Herzog Otto von Kärnten, Sohn der Liutgard, Enkel Ottos des Großen. Daneben gab es weitere Kandidaten, bei denen eine Verwandtschaft mit den Ottonen vermutet wird, aber nicht sicher ist: Ekkehard I., Markgraf von Meißen, und Herzog Hermann von Schwaben. Beide erhielten Unterstützung durch Teile des Adels.

In Sachsen wurden zwei Kandidaten unterstützt: Ekkehard von Meißen, den der Billunger Bernhard, Herzog in Sachsen, und Bischof Bernward von Hildesheim favorisierten, und Heinrich, Herzog von Bayern. Auf dessen Seite waren etwa die Grafen von Walbeck (die Familie Thietmar von Merseburgs), und Esiko, Graf von Merseburg, zu finden, die schon in früheren Jahren zu der bayrischen Linie der Ottonen gestanden hatten und dies jetzt weiterhin taten. Verstärkt wurden die jeweiligen Gruppen noch durch den böhmischen Herzog, Boleslaw III., auf Seiten Heinrichs bzw. Boleslaw Chrobrys auf Seiten seines Schwiegersohns, Ekkehards I. von Meißen.

Heinrich II.

Es gelang dem Herzog von Bayern, Heinrich, sich durchzusetzen und damit die seit seinem gleichnamigen Großvater vorhandenen Ambitionen der Familie auf den Thron zu erfüllen. Heinrich II. wurde am 27. Juni 1002 in Mainz zum König gekrönt und präsentierte sich in der Folgezeit an verschiedenen Orten im Reich. Unangefochten konnte dies in Sachsen geschehen, nachdem der „sächsische" Kandidat Ekkehard I. von Meißen 1002 bei einer Privatfehde in Pöhlde ermordet worden war.

Heinrich II.
(1002–1024)

59

1002, am 25. Juli, gelang Heinrich II. in Merseburg auf einem Hoftag, nicht ohne Zugeständnisse, die Zustimmung durch die Sachsen.

Während der Regentschaft Heinrichs II. lassen sich wieder häufigere Besuche und Aufenthalte in Sachsen nachweisen. Merseburg, das unter Otto I. begründete und unter Otto II. aufgehobene Bistum, wurde 1004 durch Heinrich II. wiederhergestellt. Aber nicht nur dies hob Merseburg hervor. Die dortige Pfalz wurde zur meist besuchten im Reich während der Regentschaft Heinrichs II.

Heinrichs II. Tätigkeit in Sachsen war gekennzeichnet vor allem durch die Auseinandersetzungen und Kämpfe mit slawischen Stämmen und den polnischen Herzögen. In Abkehr von der Politik Ottos III., die auf enge Beziehungen zu den christlichen Herzögen von Polen und Böhmen setzte, deren sichtbarstes Zeichen die Gründung des Erzbistums Gnesen im Jahre 1000 und die Übergabe einer Kopie der Heiligen Lanze an Herzog Boleslaw gewesen war, setzte Heinrich II. andere Schwerpunkte. Wie so häufig, entzündete sich der Konflikt an der Besetzung wichtiger Positionen, in diesem Fall an der Nachfolge in der Markgrafschaft Meißen, die nach der Ermordung Ekkehards I. zu regeln war. Hier stießen böhmische und polnische Interessen unmittelbar aufeinander. Boleslaw Chrobry, Sohn und Nachfolger des polnischen Herzogs Mieszko I., besetzte Meißen und erhob Anspruch auf die Markgrafschaft. Heinrich II. belehnte Gunzelin, Schwager des Boleslaw, mit der Markgrafschaft, Boleslaw

Chrobry erhielt die Lausitz und das Milzener Gebiet. Hermann hingegen, Sohn Ekkehards I. und Schwiegersohn des polnischen Herzogs, wurde nicht berücksichtigt.

Nach einigen Auseinandersetzungen gelang es Boleslaw Chrobry, Anfang 1003 Böhmen zu besetzen und dieses Herzogtum für sich in Anspruch zu nehmen. *Der König erfuhr das alles nur vom Hörensagen; er nahm es ergeben mit würdigem Ernst hin und schrieb seinen Sünden alles Mißgeschick zu, das sich zu seiner Zeit im Reiche zutrug. Und so erschien ihm Folgendes am zweckmäßigsten: Er überging alles, was den Böhmen geschehen war, und schickte Gesandte an Boleslaw mit dem Angebot: Wenn er das jüngst von ihm besetzte Land nach altem rechtlichen Herkommen durch seine Gnade empfangen und ihm in allem getreulich dienen wolle, werde er sein Verlangen danach erfüllen; andernfalls werde er ihm mit den Waffen entgegentreten. Diese Botschaft nahm Boleslaw ungnädig auf, obwohl sie doch berechtigt und geschickt angebracht war. [...] Nach Beendigung der erwähnten Fastenzeit feierte der König das Osterfest nach Art seiner Vorgänger in würdiger Weise zu Quedlinburg. Da ließ er sich nichts anmerken von Boleslaws unbilliger Anmaßung [...] Ferner empfing er in Gnaden Gottes Gesandte der Redarier und Luitizen, befriedigte die bisher Aufsässigen durch äußerst freundliche Geschenke und gefällige Zusicherungen und gewann dadurch alte Feinde zu engen Bundesgenossen.* (Thietmar V, 31)

Die von Thietmar hier beschriebenen Vorgänge zeigen eine Abkehr von der bisherigen Politik der Ottonen durch Heinrich II. Nicht mehr die alten Koalitionen seiner Vorgänger wurden fortgeführt, sondern neue eingegangen. Die kom-

1002/03 Beginn der kriegerischen Auseinandersetzungen mit Boleslaw Chrobry

plizierten Ursachen für diesen Bruch lassen sich am besten mit dem Satz: Der Feind meines Feindes ist mein Freund, umschreiben. Alte Feindschaften zwischen den Böhmen (Přemysliden) und Polen (Piasten), Feindschaften zwischen Polen und Luitizen, sowie alte freundschaftliche Beziehungen zwischen den böhmischen Herzögen und der „bayrischen" Linie der Ottonen, der Vorfahren Heinrichs II., bildeten den Hintergrund für diese Veränderung.

1003 Bündnis mit den Luitizen

Die Auseinandersetzungen mit Boleslaw Chrobry in den Jahren 1002/03 mündeten in einen Krieg, der das Reich und vor allem Sachsen fünfzehn Jahre in Atem hielt. Daß Heinrich sich dazu mit den Luitizen und Redariern verbündete, die nicht erst seit dem Aufstand 983 die Feinde des Reiches, besonders aber der sächsischen Adligen waren, stieß nicht nur in Sachsen, gelinde gesagt, auf Unverständnis. Einer der größten Kritiker war Brun von Querfurt.

Von diesem Krieg waren auch alte Familienverbindungen zwischen sächsischen Adelsfamilien und der polnischen Herrscherfamilie betroffen und der weitere Verlauf des Krieges zeigt, daß sich sächsische Adlige in den Kämpfen mit Boleslaw Chrobry eher zurückhielten, wenn sie nicht Boleslaw selbst unterstützten.

1004 Wiedereinrichtung des Bistums Merseburg

Einen Rückgriff auf (kirchen-)politische Konzepte seines Vorgängers Otto III. hingegen bedeutete die Wiedererrichtung des Merseburger Bistums im Jahr 1004. Otto III. konnte seine Pläne jedoch wegen des hartnäckigen Widerstands des ehemaligen Merseburger Bischofs und jetzigen Magdeburger Erzbischofs Giselher nicht in die Tat umsetzen. Erst mit dem Tod Giselhers 1004, der seine Zustimmung noch auf dem Totenbett verweigert hatte, änderte sich dies. Heinrich II. schaltete sich in die Besetzung des Magdeburger Erzbistums ein und setzte seinen Kandidaten Tagino (1004–1012) durch. Der Wiedereinrichtung Merseburgs stand nichts mehr im Wege, und so wurde am 6. Februar 1004 Wigbert zum Bischof von Merseburg geweiht.

Auf dem im Anschluß ausgeführten ersten Romzug wurde Heinrich II. zum König von Italien gekrönt.

1007 erfolgte die Gründung des Bistums Bamberg, die unter ähnlich schwierigen Bedingungen geschah wie die Gründung des Erzbistums Magdeburg unter Otto I. Auch hier mußte die Zustimmung des betroffenen Bischofs erlangt werden. Heinrich hat sich letztendlich darüber hinweggesetzt. Dies zeigt, daß sich sein Verhältnis zu den Bischöfen verändert hatte. Stärker als seine Vorgänger nahm er Einfluß auf die Besetzung der Bischofsstühle, stattete Bistümer mit großzügigen Stiftungen, sogar Grafschaften, aus und bezog die Bischöfe stärker in die „Unterhaltspflicht" dem König gegenüber ein, getreu dem Motto: Wem viel gegeben wird, von dem wird auch viel verlangt.

Auch Thietmar von Merseburg, der Chronist der Ottonen, wurde von Heinrich II. 1009 zum Bischof von Merseburg ernannt.

Erste Friedensverhandlungen mit Boleslaw Chrobry führten 1013 in Merseburg zu einem vorläufigen Erfolg. Da Boleslaw sich aber weigerte, den König auf seinem zweiten Romzug zu unterstützen und zudem über seinen Sohn Mieszko versuchte, sich mit den Böhmen gegen Heinrich zu verbünden, hielt die Versöhnung

1013 Friedensverhandlungen mit Boleslaw Chrobry

nicht lange an. Dieser zweite Romzug führte am 14. Februar 1014 zur Kaiserkrönung Heinrichs II. und seiner Gemahlin Kunigunde. Nach der Rückkehr aus Italien lud Heinrich Boleslaw vor, damit sich dieser wegen der nicht geleisteten Heerfolge rechtfertigen sollte. Boleslaw weigerte sich, er wolle seine Sache vor den Fürsten verhandelt wissen. Darüber hinaus hatte Heinrich den bei den Böhmen erfolglosen und verhafteten Mieszko in seine Gewalt bekommen. Heinrich beriet sich mit den sächsischen Großen im November 1014 in Merseburg und entließ auf Anraten Erzbischofs Gero von Magdeburg den gefangenen Mieszko. Im darauffolgenden Jahr begannen weitere Kriegszüge gegen Boleslaw und seinen Sohn. Das Heer Heinrichs wurde auf dem Rückweg von einer dieser Unternehmungen geschlagen, unter Mieszko drangen die Verfolger bis Meißen vor, ohne es allerdings zu erobern. Die Auseinandersetzungen dauerten an. Heinrich hielt sich in der folgenden Zeit in Burgund auf und erlangte dort 1016 den Erbanspruch auf dieses Reich. Zurück in Sachsen sollte Anfang 1017 der Versuch gemacht werden, die Aussöhnung mit Boleslaw zu erreichen. Sächsische Adlige, allen voran Erzbischof Gero von Magdeburg, suchten Boleslaw zu einem Treffen mit Heinrich II. in Merseburg zu bewegen, doch in Erinnerung eines dort erfolgten Mordanschlags, lehnte Boleslaw ab. Heinrich II. untersagte den Sachsen weitere Unterredungen mit Boleslaw und rüstete erneut zum Kriegszug. 1017 zog das Heer von Leitzkau (östlich der Elbe) aus gegen Mieszko und Boleslaw, mußte aber mit großen Verlusten zurückkehren. 1018 kam es in Bautzen zum ersehnten Frieden *so wie er damals zu erreichen war, nicht wie er hätte sein sollen.* (Thietmar VIII, 1) Bekräftigt wurde der Friede durch eine Heirat zwischen Boleslaw und Oda, Tochter Markgraf Ekkehards I. Kurze Zeit später im Dezember 1018, starb Thietmar von Merseburg, der so wichtige Chronist der Epoche.

Heinrich II. verschied am 13. Juli 1024 in der Pfalz Grone und wurde im Bamberger Dom bestattet (Heiligsprechung 1146).

Heinrich II. stieß mit seiner Politik in Sachsen nicht unbedingt auf Zuspruch. Hier hatten sächsische Adelsfamilien eigene Interessen, die denen des Königs oftmals entgegengesetzt waren. Deutlich wurde dies besonders an der Politik gegenüber dem polnischen Herzog. Desweiteren brach Heinrich II. auch mit anderen Traditionen seiner Verwandten. Nicht mehr die „alten" zentralen Orte, wie Quedlinburg und Magdeburg, bildeten die Ausgangspunkte seiner Herrschaft in Sachsen. Er bevorzugte andere Orte, etwa Merseburg, oder gründete neue wie Goslar (seit 1017).

Nach dem Tod des letzten Ottonenherrschers verlagerte sich das Zentrum der Königsherrschaft unter den folgenden Saliern nach Süddeutschland.

Die Erinnerung an die Bedeutung Sachsens als Königslandschaft blieb bestehen, z. B. wurden sächsische Pfalzen von den salischen Königen und Kaisern genutzt.

III. Immer unterwegs!

Die Ottonen, und auch noch Könige und Kaiser nach ihnen, reisten beständig durch ihr Reich, und sie hatten dafür gute Gründe. In einer Gesellschaft, die auf Adelsherrschaft, agrarischen Grundlagen und Mündlichkeit aufgebaut war, mußte sich der König in den Herrschaftsbereichen der Adligen präsent zeigen, konnte (noch) nicht auf „Städte" zurückgreifen, die eine Anwesenheit längerfristig finanzieren konnten, und mußte vor Ort regieren, da es eine übergeordnete schriftliche Verwaltung nicht gab.

Um diese Organisationsform mittelalterlicher Herrschaft umzusetzen, benötigten die Könige und Kaiser dieser Zeit verschiedene Anlaufpunkte im Reich. Unter den Ottonen waren das zunächst Pfalzen und Reichsklöster, später, unter Heinrich II. wurden verstärkt Bischofssitze zur Versorgung des Hofes herangezogen.

> *Pfalz*
> Unter einer Pfalz (*palatium*) versteht man eine Anlage, die dem König und seiner Gefolgschaft während seiner Regierungsgeschäfte als Aufenthaltsort diente. Diese Anlagen gehörten zum Reichsgut und unterstanden damit direkt dem König.
> Pfalzen konnten sehr unterschiedlich ausgestattet sein. Sie bestanden manchmal aus nicht mehr als einem königlichen Wirtschaftshof (*curtis*), dem Mittelpunkt einer größeren Grundherrschaft, erhielten dann je nach Bedeutung weitere Elemente, wie etwa einen *palas*, das Gebäude des Königs, das zumeist auch einen Saal (*aula*) für Hoftage auf-

wies, eine Pfalzkapelle, manchmal sogar eine Befestigung. Gebäude für Dienerschaft und Handwerker konnten ebenfalls auf dem Gelände einer Pfalz vorhanden sein.

Könige hielten sich mit ihrem Hof unterschiedlich lang in ihren Pfalzen auf. Sie blieben manchmal nur Tage, manchmal Wochen, selten Monate, nie Jahre. Abhängig war dies von den materiellen Bedingungen, die der Hof vorfand. Reichten diese nicht mehr aus, mußte der Hof weiterziehen ("Abweidetheorie"). Desweiteren war es für den König unbedingt erforderlich, sich nicht nur in einer Region des Reiches aufzuhalten. Auch an anderen Orten des Reiches mußte der König präsent sein. So wurden Hoftage und kirchliche Hochfeste in unterschiedlichen Pfalzen im Reich gefeiert. Während seiner Aufenthalte sprach der König Recht und vermittelte in Konflikten zwischen einzelnen Adligen. Dieses konnte nur erfolgen, wenn die Beteiligten anwesend waren. Nichterscheinen galt als Vergehen. So war es für die Großen des Reiches von immenser Bedeutung, persönlich anwesend zu sein, bzw. eigene Leute in der Nähe des Königs zu wissen, um über gute Beziehungen Fürsprache zu genießen.

Von einigen festen Terminen konnte man ausgehen. Kirchliche Hochfeste (Weihnachten, Ostern, Pfingsten) fanden meist an bestimmten Orten statt. Schließlich galt es Hoftage abzuhalten, Gesandschaften zu empfangen: all dies mußte langfristig vorbereitet und angekündigt werden. Aus dem 12. Jahrhundert berichtet ein sächsischer Geschichtsschreiber, der sog. Annalista Saxo, daß der Hof Ottos I. täglich tausend

Schweine und Schafe, zehn Fuder Wein und ebensoviel Bier, tausend Malter Getreide, acht Rinder und ungezählte Hühner, Ferkel und Fische sowie Eier und Gemüse verbraucht habe. Auch wenn diese Angaben nicht unbedingt den tatsächlichen Verbrauch wiedergeben, zeigen sie dennoch, daß große Anstrengungen unternommen werden mußten, um den Anforderungen zu genügen. Und sie erklären, warum man den König und sein Gefolge oftmals lieber gehen als kommen sah.

Reisewege von Pfalz zu Pfalz lassen sich nur schwer belegen; es gibt einige mehr oder wenige bekannte mittelalterliche Reise- bzw. Handelswege. Ob diese dann aber auch tatsächlich benutzt wurden, Königsstraßen waren, läßt sich aus der Überlieferung nicht immer erschließen.

Im Durchschnitt kann eine Reisegeschwindigkeit von etwa 20–30 km pro Tag angenommen werden. Dies variierte je nach Zahl der Mitreisenden (geschätzt etwa 200 bis zu 1 000 Menschen im Gefolge), nach den Jahreszeiten oder nach vorhandenem Straßennetz.

Die Königinnen und Kaiserinnen waren ebenfalls unterwegs. Sie begleiteten ihre Männer, blieben aber auch, gerade bei Kriegszügen, auf den ihnen zugesprochenen Höfen bzw. Pfalzen.

Mit dem Herrschaftsantritt der Ottonen wurde Sachsen Kernlandschaft des Reiches. Hier begannen und endeten die Reisen der Könige. In Ostsachsen, konzentriert auf das Harzumland, und in Nordthüringen hielten sich die Ottonen am häufigsten und längsten auf. Hier hatten sie Besitzungen, die die materielle Basis für ihre Aufenthalte schufen. Im Harzumland waren das etwa die Pfalzen und Königshöfe Werla, Grone, Pöhlde (heute Niedersachsen), Nordhausen (Thüringen), Quedlinburg, Tilleda, Wallhausen, Allstedt, Walbeck (Hettstedt), Merseburg (Sachsen-Anhalt).

Teile dieses Besitzes gingen auf karolingisches Königsgut zurück, das zwischen Saale, mittlerer Elbe und Unstrut gelegen war. Hier hatten die Karolinger eroberte Gebiete, wie etwa die Hochseeburg, dem Kronbesitz eingegliedert und große Teile später dem Kloster Hersfeld unterstellt. Eine zwischen den Jahren 880 und 890 ausgestellte Urkunde, das sogenannte Hersfelder Zehntverzeichnis, nimmt auf diesen Vorgang Bezug und listet 18 Burganlagen auf und darüber hinaus eine große Zahl von Niederlassungen, die dem Kloster Hersfeld Abgaben zu leisten hatten. Unter diesen finden sich zum Beispiel Merseburg oder Querfurt, und Höfe, wahrscheinlich aus karolingischer/fränkischer Epoche, wie etwa Helfta (Eisleben), Wallhausen, Grone. Über Herzog Otto den Erlauchten, den Vater Heinrichs I., der als Laienabt des Klosters Einfluß nehmen konnte, kamen diese zum Teil in Besitz der Ottonen. Andere, wie etwa die Burg Querfurt, gelangten an Adelsfamilien, wurden von ihnen mit königlicher Erlaubnis befestigt und ausgebaut. Diese Burgen nahmen dann im fortschreitenden Mittelalter jene Form an, die bis heute das Bild von Burgen maßgeblich bestimmt.

Die aus fränkischer Zeit stammenden Anlagen bildeten eine Grundlage, die unter Heinrich I.

eine Erweiterung erfahren sollte. Nicht immer befestigt, meistens als Fluchtburgen genutzt, waren sie nur bedingt nutzbar. Burgen mit ständiger Besetzung waren den Sachsen zumeist unbekannt, das sollte sich unter Heinrich I. ändern.

Heinrich I. und der Burgenbau in Sachsen

Bei einem der zahlreichen Angriffe der Ungarn war Heinrich I. 926 gezwungen, sich in die Pfalz Werla zurückzuziehen. Dabei gelang es ihm, einen ungarischen Heerführer gefangenzunehmen und einen Waffenstillstand von neun Jahren auszuhandeln. In dieser Zeit, so berichtet Widukind, ließ Heinrich I. verstärkt Burgen anlegen.

König Heinrich nun sorgte sich, als er von den Ungarn einen Frieden für neun Jahre erhalten hatte, mit großer Klugheit um die Sicherung des Vaterlandes und die Niederwerfung der barbarischen Völker; dies auszuführen geht zwar über unsere Fähigkeiten, aber man darf es keinesfalls verschweigen. Zunächst wählte er unter den bäuerlichen Kriegern jeden neunten aus und ließ ihn in den Burgen wohnen, um für seine acht Genossen Wohnungen zu errichten und den dritten Teil aller Früchte entgegenzunehmen und zu verwahren; die übrigen acht aber sollten für den Neunten säen, ernten, Früchte sammeln und sie an ihrem Platz aufbewahren. Gerichtstage, alle Zusammenkünfte und Gastmähler ließ er in den Burgen abhalten, an deren Bau man Tag und Nacht arbeitete, um im Frieden zu lernen, was im Notfall gegen die Feinde zu tun sei. Außerhalb der Mauern gab es nur minderwertige oder überhaupt keine Mauern. (Widukind I, 35)

Diese sogenannte „Burgenbauordnung" macht zumindest deutlich, daß Heinrich I. dazu überging, ständige Besatzungen in Burgen zu verlegen. Nach den historischen, vor allem aber archäologischen Forschungen der letzten Jahrzehnte, wird immer wieder diskutiert, welche Burgen in Sachsen von Heinrich I. ausgebaut oder gar erst angelegt worden sind. Für Quedlinburg und auch für Merseburg wird angenommen, daß sie während dieser Zeit befestigt worden sind.

Doch nicht nur auf fränkische Befestigungen konnten die Ottonen zurückgreifen. Ebenfalls vorhanden waren Anlagen der Slawen, die die Sachsen übernahmen: So wurden eroberte Burgen, die oftmals Hauptburgen slawischer Stammesverbände waren, unter Heinrich I. in die eigene Herrschaftsorganisation einbezogen, etwa Brandenburg 927/928 und Meißen 929. In den besetzten Gebieten, die als Markgrafschaften organisiert wurden, bildeten diese Anlagen Mittelpunkte von Landschaftsbezirken, die in Quellen als Burgwarde bezeichnet werden. Diese Bezirke umfaßten eine Zahl von Dörfern, deren Bewohner bei Bedrohung in der Burg Schutz fanden. Dafür hatten diese allerdings bei der Errichtung und Erhaltung der Befestigungsanlagen mitzuwirken. Zahlreiche Burgwarde finden sich im Elbegebiet, an der Grenze des ostfränkischen Reiches. Magdeburg, Frose und Barby etwa sind Burgwardbezirke, von Merseburg wird dies vermutet.

Zur Organisation der materiellen Grundlage ihrer Herrschaft konnten die Ottonen vor allem in Ostsachsen/Nordthüringen auf eigenes Gut zurückgreifen, das aus altem fränkischen Familienbesitz, unter Heinrich I. zum Teil aus befestigten Anlagen und aus eroberten slawischen Burgen bestand.

Dieses Gut bildete dann oft die Basis für die Anlagen von Pfalzen. Nachdem Heinrich I. 919 König geworden war, kamen zum „regionalen" Besitz der Ottonen auch Güter hinzu, die zum Krongut früherer Könige gehörten. So konnten die Ottonen auf Krongut in Lothringen (Aachen) ebenso zurückgreifen wie auf vorhandene Pfalzen in Frankfurt (Ingelheim).

Einzelne Pfalzen waren für die Ottonen unterschiedlich wichtig. Sie hatten eine besondere Bedeutung durch „familiäre" Bezüge, wie etwa Magdeburg, Memleben und Quedlinburg. Wiederum andere, besonders im Harz, wurden zur Jagd besucht, Bodfeld etwa und Siptenfelde.

Das Ansehen und die Bedeutung einer Pfalz konnte immens vergrößert werden, wenn sie Mittelpunkt religiösen Lebens wurde: beispielsweise Magdeburg durch Gründung des Mauritiusklosters, den Dom und die Grablege Ottos des Großen und seiner Gemahlin Edgith, Quedlinburg mit den Gräbern von Heinrich I. und von Mathilde. Manche Pfalzen blieben auch „einfache" Aufenthaltsorte, die, wie die Pfalz Tilleda, vor allem der Versorgung während dieser Aufenthalte dienten.

Auch innerhalb der Familie lassen sich bestimmte Vorlieben nachzeichnen. Nicht jeder Ottone favorisierte dieselbe Pfalz. Heinrich I. bevorzugte Quedlinburg, Otto I. Magdeburg, Otto II. Allstedt, Otto III. Aachen und Heinrich II. Merseburg. Oft liegen die Motive für die jeweilige Bevorzugung im Dunkeln, da die Quellen sich darüber ausschweigen.

Tilleda

Die Pfalz Tilleda liegt auf dem sogenannten Pfingstberg unterhalb des Kyffhäusers. Tilleda wird im Hersfelder Zehntverzeichnis aus dem 9. Jahrhundert erwähnt und gehörte zu den verschiedenen Gütern im Gebiet um den Harz, die seit Beginn des 10. Jahrhunderts in den Besitz der Liudolfinger übergingen. Wirtschaftshöfe und Pfalzen in der Nähe Tilledas, etwa Wallhausen oder Nordhausen, verdeutlichen, daß oft nur ein Tagesmarsch notwendig war, um von einem Ort zum anderen zu gelangen.

Es überrascht daher, daß Tilleda unter Heinrich I. nicht schriftlich aufgeführt wird. Dies ist wohl auf einen Überlieferungszufall zurückzuführen und kann nicht als Maßstab für die Bedeutung Tilledas in dieser Zeit genommen werden. Unter den Ottonen wird Tilleda erstmals im Jahre 972 erwähnt. In diesem Jahr fand die Hochzeit zwischen Otto II. und der byzantinischen Prinzessin Theophanu in Rom statt. Fest-

9. Jahrhundert Erst-erwähnung im Hersfelder Zehnt-verzeichnis

▼

Grundriß mit Grabungsbefunden

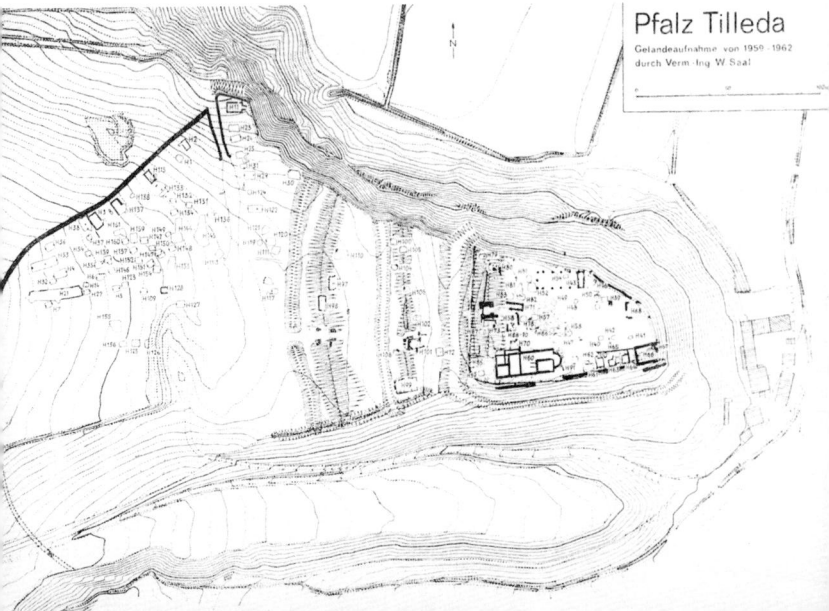

Pfalz Tilleda

Geländeaufnahme von 1959 - 1962
durch Verm.-Ing. W. Saal

gehalten wurde dieser Vorgang in einer der be-
eindruckendsten Urkunden des Mittelalters,
der sogenannten Heiratsurkunde der Theophanu: eine 144,5 x 39,5 cm große, in Goldschrift
auf Purpur ausgeführte Prunkfassung, die heute
im Staatsarchiv in Wolfenbüttel aufbewahrt
wird. In dieser Heiratsurkunde übertrug Otto
II. seiner Gemahlin auch die sogenannte Morgengabe (*dos*), Güter, über die Theophanu frei
verfügen konnte. Neben der Provinz Istrien in
Italien und weiteren Ländereien, Gütern und
Einkünften im heutigen Belgien und Holland,
schenkte Otto II. ihr auch die *imperatoriae cur-*
tes, die kaiserlichen Höfe in Boppard, Thiel,
Herford, Tilleda und Nordhausen.
Während der Regentschaft Ottos II. (973–983)
ist nur ein weiterer Aufenthalt in Tilleda im Jahr
974 nachzuweisen. Wenn man bedenkt, daß
gerade dieser König sich bis 979 mindestens
einmal jährlich im nahegelegenen Allstedt aufgehalten hat, scheint Tilleda eher nur zur kurz-
fristigen Versorgung des königlichen Hofes ge-
dient zu haben. Für die Zeit Ottos III. (983–
1002) ist ebenfalls nur ein Aufenthalt (1003)
nachzuweisen, für Heinrich II. (1002–1024) keiner. Hoftage oder kirchliche Festtage sind hier
von den Ottonen wohl nicht gefeiert worden.
Auch das Interesse der nachfolgenden Herrscher an der Pfalz war nicht unbedingt groß. Zudem trat Tilleda immer mehr hinter die ab 1118
erwähnte Kyffhäuserburg zurück.

Jahrhunderte lang war Tilleda in Vergessenheit
geraten, bis 1871 der Heimatforscher Karl Mey-
er die Pfalz auf dem Pfingstberg wiederentdeck-
te. In einer ersten Grabungsphase (1935– 1939)
wurde im Bereich der Vorburg gegraben. Von

1958 bis 1976 wurden Flächengrabungen durch das Institut für Ur- und Frühgeschichte der Deutschen Akademie der Wissenschaften zu Berlin unter Leitung von Paul Grimm durchgeführt, deren Ergebnisse noch heute besichtigt werden können.

Ergraben wurde eine Anlage, die typische Elemente ottonischer Pfalzen aufweist. So waren eine sogenannte Vorburg (3,9 ha), die sich hier noch einmal in untere und obere Vorburg teilen läßt, und eine Kernburg (0,5 ha) nachzuweisen. Befestigungen schützten die Vorburg, weitere Verteidigungssysteme (Wälle und Gräben) die Kernburg, das eigentliche repräsentative Zentrum einer Pfalz.

In der Vorburg konnten Grubenhäuser dokumentiert werden. In diesen arbeiteten und lebten die Menschen, zumeist Unfreie, die für die Bewirtschaftung gebraucht wurden. Speicher, Wohnhütten, Webereien, insgesamt 235 Gebäude konnten im Bereich der Vorburg archäo-

Pfalzanlage Tilleda

April–Oktober: täglich 10–18 Uhr

November–März: 10–16 Uhr

Tel. (03 46 51) 29 23

▼
Rekonstruierte Wach- und Grubenhäuser der Vorburg

logisch erschlossen werden. Hinweise auf landwirtschaftliche Produktionsstätten fehlen, so daß angenommen wird, der Wirtschaftshof habe sich an der Stelle des heutigen Dorfes Tilleda befunden.

In der Kernburg der Pfalz ließen sich aus ottonischer Zeit ein Wohnturm und eine Kapelle nachweisen. Auch der für eine Pfalz wichtige *palas*, das Haus des Königs, ist in den Fundamenten zu erkennen, ein weiteres Gebäude konnte als *aula*, als Saal für Versammlungen identifiziert werden.

Einige Bodenfunde (etwa Keramik, Webgewichte und -kämme, Spielsteine) geben einen kleinen Einblick in die Alltagskultur zur Zeit der Ottonen.

In der Nähe von Tilleda, in Richtung Sangerhausen, liegt Wallhausen. Auf jene für die Ottonen so wichtige Pfalz soll an dieser Stelle zumindest hingewiesen werden. In Wallhausen heirateten im Jahr 909 Heinrich I. und Mathilde. Wahrscheinlich wurde dort auch 912 Otto der Große geboren. Von der Pfalz selbst ist nichts erhalten.

Allstedt

Allstedt gehört zum Bestand der im Hersfelder Zehntverzeichnis gegen Ende des 9. Jahrhunderts genannten Burganlagen.

Hier sind ein Hof und eine dazu gehörende Burg verzeichnet. Anzunehmen ist, daß die Anfänge Allstedts auf eine fränkische Gründung

76

zurückgehen, da eine solche bereits im 8. Jahrhundert erwähnt wurde. Vom Kloster Hersfeld aus wurde im 8. Jahrhundert diese Gegend missioniert. Eine in dieser Zeit genannte Kapelle des hl. Wiperti (777) deutet auf die bestehende Verbindung hin und bildete wohl den Mittelpunkt einer ersten Siedlung. Die spätere Kirche St. Wiperti gelangte zunächst an die neu gegründete Abtei St. Marien in Memleben, wurde dann 1015 dem Kloster Hersfeld unterstellt. Ende des 13. Jahrhunderts bekam sie das Kloster Walkenried übertragen. Während des Bauernkrieges wurde sie bis auf den sogenannten Münzerturm zerstört.

**777
St. Wiperti**

Die fränkische Burganlage, auf dem heutigen Schloßberg gelegen, gelangte im 9. Jahrhundert in den Besitz der Liudolfinger und entwickelte sich zu einer bedeutenden Königspfalz, von der allerdings in der heutigen Bebauung (15.–18. Jahrhundert) nichts mehr zu sehen ist. Ebenfalls auf dem Schloßberg wird auch der einstmals vorhandene Wirtschaftshof der Pfalz zu lokali-

▼

Burg Allstedt

sieren sein. Die Anlage wird unter Heinrich I. erstmals zum Jahre 935 genannt. Hier hielten sich der König und seine Gemahlin Mathilde am 12. Oktober auf ihrem Weg zur Herbstjagd nach Bodfeld im Harz auf.

Otto I. läßt sich während sechs Aufenthalten in Allstedt nachweisen, einmal 937 auch mit seiner Gemahlin Edgith und Liudolf, ihrem Sohn.

Unter Otto II. (973–983) wurde Allstedt die am häufigsten besuchte Pfalz. Hier hielt er sich (bis 979) mindestens einmal jährlich auf. Auch die Kaiserinnen Theophanu und Adelheid waren mehrmals anwesend. 976 feierte Otto II. hier das Osterfest. All dies spricht für einen gewissen Standard, den die Pfalz geboten haben muß. Die Bedeutung einer Pfalz für einen König/Kaiser zeigte sich aber nicht nur in der Häufigkeit seiner Besuche, sondern vor allem in der Einbeziehung der Pfalz in die Herrschaftspraxis. Wie diese unter Otto II. ausgesehen hat, ist (noch) nicht erforscht. Sein Sohn Otto III. setzte die Reihe der Aufenthalte fort, allerdings nur solange er noch nicht selbständig regierte. Seit seiner alleinigen Herrschaft 994 bis zu seinem Tode 1002 hat er Allstedt nicht mehr besucht.

Erst unter Heinrich II., dem letzten Herrscher der Ottonen, werden wir genauer über die in Allstedt stattgefundenen Ereignisse informiert. Das verdanken wir Thietmar, Bischof von Merseburg, der über die Zeit Heinrichs II. als Zeitzeuge besonders gut zu berichten wußte und wohl auch oft in Allstedt anwesend war.

In den Wirren um die Nachfolge Ottos III. 1002 wurde Allstedt, wie auch Merseburg, durch den Merseburger Grafen Esiko für Heinrich II. gegen Ekkehard I. von Meißen verteidigt und gehalten. In den folgenden Jahren hielt sich Heinrich II., zumeist auf dem Weg nach Merseburg oder von Merseburg kommend, in Allstedt auf. 1004 wurde Thietmar von Merseburg in Allstedt in Anwesenheit Heinrichs II. zum Priester geweiht.

Als mich Herr Tagino zu meiner Priesterweihe nach der Burg Alstedt [ad Alstidi civitatem] berief, beichtete ich unterwegs mein Vergehen. Die gelobte Buße habe ich nicht pflichtgemäß geleistet. Aber meine Priesterweihe erhielt ich trotz meiner Unwürdigkeit am 21. Dezember durch den Erzbischof in Anwesenheit König Heinrichs. (Thietmar VI, 46)

Weitere Aufenthalte Heinrichs II. in Allstedt stehen im Zusammenhang mit den Kriegen gegen den polnischen Herzog Boleslaw Chrobry. In Allstedt traf 1013 eine Gesandtschaft Boleslaw Chrobrys ein, die um ein, dann kurze Zeit später, in Magdeburg stattfindendes Treffen Heinrichs II. mit Mieszko II., dem Sohn Boleslaws bat. Als Ergebnis gab es 1013 einen Friedensschluß zwischen Boleslaw Chrobry und Heinrich II. Boleslaw erhielt Polen als Lehen ebenso die Lausitz und das Milzenerland. Dieser Friede währte jedoch nur kurze Zeit. Weitere kriegerische Auseinandersetzungen folgten schon im nächsten Jahr. Boleslaw hatte abgelehnt, Heinrich II. mit einem Heer zur Kaiserkrönung zu begleiten und wurde daraufhin von diesem zu einem Hoftag vorgeladen, wo er sich rechtfertigen sollte. Boleslaw erschien nicht, mit der Begründung, daß er seine Angelegenheiten vor den Fürsten verhandelt wissen wollte. Zu Beginn des Jahres 1017 fand in Allstedt ein allgemeiner Hoftag statt, den auch eine Gesandtschaft Boleslaws besuchte. *Boleslaws Wün-*

1017 Hoftag in Allstedt

**Burg und
Schloß
Allstedt**

April–
Oktober:
Di.–So. und
feiertags
10–17 Uhr

November–
März:
Di.–Fr.
10–16.30 Uhr
Sa., So. und
feiertags
13–17 Uhr

Tel.
(03 46 52) 5 19

**1021
zwei sächsi-
sche Hoftage
in Allstedt**

sche billigte der Kaiser. Seine Fürsten seien bei ihm versammelt; wenn er ihm etwas Ersprießliches vorschlagen wolle, werde er es nach Rücksprache mit ihnen gerne entgegennehmen. Gesandtschaften gingen hin und her, und ein Waffenstillstand kam zustande. (Thietmar VII, 50) Doch auch dieser Waffenstillstand hielt nicht lange. Im Sommer des Jahres kam es zu einem letzten großen Kriegszug Heinrichs II. gegen Boleslaw, von dem Heinrich mit großen Verlusten nach Sachsen zurückkehrte. Er weilte zunächst in Merseburg, reiste dann, Ende Oktober, nach Allstedt weiter, wo er das Allerheiligenfest am 1. November feierte und sich insgesamt fünf Wochen und vier Tage, wie Thietmar von Merseburg berichtet, in der Pfalz Allstedt aufhielt. Was genau Heinrich in dieser Zeit tat, ist nicht überliefert. Thietmar, der auch anwesend war, notierte in seiner Chronik detailliert die Güter und Einkünfte, die der Kaiser während des Aufenthaltes dem Merseburger Bistum schenkte. So scheint die Zeit in Allstedt eine Ruhephase nach dem Kriegszug im Sommer gewesen zu sein.

1021 wurde Allstedt erneut Schauplatz zweier sächsischer Hoftage. Über den im Mai abgehaltenen Hoftag ist Näheres nicht bekannt, als daß der Kaiser die Guten mit Entgegenkommen, die Bösen mit schrecklicher Züchtigung behandelte, wie es die Quedlinburger Annalen berichten. Auf dem zweiten Hoftag, im Oktober, versicherte sich Heinrich II. der *fides aurea*, der goldenen Treue, der Sachsen, bevor er nach Italien aufbrach.

Aufgrund der Bedeutung Allstedts für die Ottonen wurde die Pfalz noch zweihundert Jahre später im Sachsenspiegel aufgeführt:

Fünf Orte, die Pfalzen heißen und an denen der König rechte Hoftage halten soll, liegen im Lande zu Sachsen. Die erste ist Grone, die zweite Werla, das liegt in der Nähe von Goslar. Die dritte ist Wallhausen, Allstedt ist die vierte, Merseburg die fünfte.
(Sachsenspiegel, Landrecht III, 62,1)

Memleben

Am 2. Juli 936 starb Heinrich I., etwa 60jährig, in Memleben, wohl an den Folgen eines Schlaganfalls, den er ein Jahr zuvor in Bodfeld während der Jagd erlitten hatte. Kurzzeitig schien er sich erholt zu haben, denn er konnte im Juni 936 einen Hoftag in Erfurt abhalten, von dem er dann nach Memleben aufbrach. *Und als er merkte, daß sich diese Krankheit verschlimmerte, rief er den ganzen Adel zusammen und bestimmte seinen Sohn Otto zum König, während er Güter und Schätze an die übrigen Söhne verteilte. [...] Als er so sein Testament ordnungsgemäß gemacht und alle Angelegenheiten gebührend geregelt hatte, starb er, der Gebieter aller Dinge und bedeutendste alle Könige Europas, der niemanden in irgendwelchen seelischen oder körperlichen Begabungen nachstand.* (Widukind I, 41) Heinrich I. verschied in Anwesenheit seiner Gemahlin Mathilde und seiner Söhne. Seine Leiche wurde von diesen nach Quedlinburg überführt und dort begraben.

Memleben gehörte zu den im Hersfelder Zehntverzeichnis (Ende 9. Jh.) aufgeführten Gütern und gelangte zu Beginn des 10. Jahrhunderts in den Besitz der Liudolfinger. Im Todesjahr Heinrichs I. wird dort eine Pfalz vor-

2. Juli 936 Heinrich I. stirbt in Memleben

handen gewesen sein, bestehend aus einem Wirtschaftshof, einem Gebäude, in welchem Heinrich I. starb, und wohl auch einer Kapelle. Aussagen zur Lage der Pfalz und zu ihrer Ausstattung müssen vage bleiben, da diese Anlage bis heute archäologisch nicht nachgewiesen werden konnte. Auch die urkundlichen Nachrichten anläßlich der belegten Aufenthalte Ottos I. (942, 948, 950 und 956) geben keine weitere Auskunft über Anlage und Ausstattung der Pfalz.

Erwähnt werden allerdings mindestens zwei Kirchen in Memleben. Die Einkünfte dieser Kirchen hatte Otto I. dem Missionar Boso überlassen, bevor dieser erster Bischof des 968 gegründeten Bistums Merseburg geworden war.

7. Mai 973 Tod Ottos I. in Memleben

In einer der Kirchen ist Otto I. am 7. Mai 973 verstorben.

Am Dienstag vor Pfingsten kam er aber an einen Ort namens Memleben. In der nächsten Nacht stand er wie üblich vor der Dämmerung von seinem Bett auf und war bei den nächtlichen und morgendlichen Lobgesängen anwesend. Dann ruhte er ein bißchen. Nachdem später der Meßgottesdienst gefeiert worden war, spendete er gewohnheitsmäßig den Armen, aß ein wenig und ruhte wieder in seinem Bett. Als es aber Zeit war, stand er auf und setzte sich fröhlich an den Mittagstisch. Nach dem Dienst nahm er an der Vesper teil. Beim Evangeliengesang fühlte er sich schon fiebrig und erschöpft. Als die umstehenden Fürsten das bemerkten, setzten sie ihn auf einen Stuhl. Als er aber seinen Kopf senkte, als wäre er schon tot, weckten sie ihn wieder. Er verlangte das Sakrament des göttlichen Leibes und Blutes, empfing es und übergab ohne Seufzer mit großer Ruhe unter den liturgischen Sterbegesängen seinen letzten Atemzug dem barmherzigen Schöpfer aller. Von hier

*wurde er in sein Schlafzimmer gebracht und, als es
schon spät war, sein Tod dem Volk verkündet.* (Widukind III, 76)
Und Thietmar von Merseburg berichtet ergän-
zend: *In der folgenden Nacht wurden seine Einge-
weide gesondert in der St. Marienkirche beigesetzt.
Seine mit Spezereien bereitete Leiche aber überführte man nach Magdeburg, wo sie unter großen Ehren
in tiefer Trauer empfangen und in einen marmor-
nen Sarkophag gelegt wurde.* (Thietmar II, 43)
Zur Zeit Heinrichs I. und Ottos des Großen war
Memleben als Pfalz genutzt worden. Unter den
Nachfolgern trat diese in den Quellen hinter das
gegründete Benediktinerkloster zurück.

▼
*Das sogenannte
„Kaisertor" ist
ein Rest der
ottonischen Abtei
Memleben*

979 gründete Otto II. hier eine Benediktinerab-
tei St. Marien, die vielleicht über der alten Marienkirche erbaut wurde. Die Abteikirche gilt als
einer der monumentalsten Bauten ottonischer
Zeit in Sachsen. Mauerreste der Abteianlage
sind bis heute erhalten.

Die erschlossene Größe (82 x 39,5 m) wurde in
der Zeit nur noch vom ottonischen Magdeburger Dom übertroffen. In seiner Konzeption gilt
der Bau *„als eine richtungsweisende Architektur-
schöpfung für den sich entwickelnden romanischen
Baustil".* (Ernst Schubert)

Hatte man zunächst vermutet, es könnte sich bei
dieser Kirche um eine mögliche Grabstätte Ottos II. handeln, wird die Gründung der Abtei
mittlerweile in einen engen Zusammenhang mit
der Geschichte des Bistums Merseburg gestellt.
Vor der Schlacht auf dem Lechfeld hatte Otto I.
dem hl. Laurentius gelobt, er werde in Merseburg ein Bistum errichten. 13 Jahre (955–968)
hatte es gedauert, bis Otto I. sein Versprechen
erfüllen konnte. Aufgrund der veränderten politischen Lage allerdings trat das Bistum Merseburg schon im Jahr seiner Gründung in seiner
missionspolitischen Bedeutung hinter die ebenfalls errichteten Bistümer Meißen und Zeitz
zurück. Nach dem Tode Ottos des Großen stand
sein Nachfolger Otto II. vor folgendem Problem: Auf der einen Seite gab es das nicht an-
tastbare Versprechen des Vaters dem hl. Laurentius gegenüber, auf der anderen Seite hatte
sich die Bedeutung Merseburgs entscheidend
verändert.

Sechs Jahre nach dem Tod des Vaters, im Jahre
979, überwies Otto II. dem in Memleben gegründeten Kloster St. Marien bedeutende Ein-

künfte aus dem Gebiet zwischen Saale und Unstrut, die er zuvor vom Kloster Hersfeld eingetauscht hatte. Geschehen war diese Schenkung zum Seelenheil Ottos II., seiner Gemahlin Theophanu und zur Erinnerung an Otto I., der dort gestorben war. Thietmar von Merseburg berichtet, daß die Stiftung eigentlich auf Initiative der Witwe Ottos des Großen, Kaiserin Adelheid, zurückging.

In den weiteren folgenden Besitzübertragungen Ottos II. an St. Marien in Memleben wurden dann immer wieder das Seelenheil Ottos, seiner Gemahlin Theophanu und das Gedenken an Otto I. als Motive für die Schenkungen genannt. Weder Adelheid noch der ebenfalls in Memleben verstorbene Heinrich I. wurden in das Gedenken eingeschlossen, so daß die Gründung wohl eher als Werk Ottos II. und Theophanus zu sehen ist, das dem Andenken des Vaters galt. Auffällig ist zudem, daß eigentlich Giselher, Bischof von Merseburg, Adressat dieser Einkünfte hätte sein müssen, da diese zum Gebiet der Diözese Merseburg gehörten. 981 erhielt die Abtei St. Marien ein päpstliches Privileg, das das Kloster dem Einflußbereich des Merseburger Bischofs entzog. Nur kurze Zeit später hob Otto II., mit Zustimmung des Papstes Benedikt VII., das Bistum Merseburg auf, der Merseburger Bischof Giselher wurde Erzbischof von Magdeburg.

So scheint die Gründung und Ausstattung der Abtei St. Marien in Memleben die Aufhebung des Bistums Merseburg quasi vorbereitet zu haben. Allerdings war der hl. Laurentius mit dieser Entwicklung wohl nicht einverstanden. Thietmar, der spätere Bischof von Merseburg, schreibt von schrecklichen Ereignissen, die folgten: einer verlustreichen Schlacht Ottos II. in Italien 982, dem Slawenaufstand von 983 und dem frühzeitigen Tod Ottos II. am 7. Dezember 983. Trotz all dieser Geschehnisse hielten Theophanu, während der Zeit ihrer Vormundschaft (bis 991) für ihren Sohn Otto III., und auch die Kaiserin Adelheid, bis zur Mündigkeit des jungen Königs (994), an Memleben fest. Adelheid übertrug 991/992 Markt-, Münz- und Zollrecht an die Abtei und legte damit eine weitere Grundlage für die Entwicklung der Abtei Memleben. Auch während der Regentschaft Ottos III. (983/994–1002) wurde Memleben bedacht, obwohl jetzt die ersten Überlegungen zur Wiedereinrichtung des Bistums Merseburgs laut wurden.

991/992 Markt-, Münz- und Zollrecht

Während seines Aufenthalts in Rom schenkte Otto III. 998 dem Kloster Memleben das in der Nähe liegende Wiehe. Eine solche Schenkung wäre nicht weiter ungewöhnlich, wenn nicht in der entsprechenden Urkunde auch die Weinanbaugebiete in der Umgebung an das Kloster gegangen wären. Diese Urkunde dient somit auch als Beleg für die nunmehr mehr als tausendjährige Weinbautradition in der Region zwischen Saale und Unstrut.

998 erste Erwähnung von Weingütern im Gebiet zwischen Saale und Unstrut

Wie eng verbunden die Geschicke der Abtei in Memleben mit der Geschichte des Bistums Merseburg waren, zeigte sich unter Heinrich II. 1002. Im ersten Jahr seiner Regentschaft hatte er die alten Rechte Memlebens noch einmal bestätigt. Dieser König, der sich weitaus häufiger als seine Vorgänger in Merseburg aufhielt, bemühte sich aber von Beginn an um die Wiedererrichtung des Bistums Merseburg, in Erinnerung an das dem hl. Laurentius gegebene Versprechen Ottos des Großen. Am 25. Januar 1004, nach dem Tode Giselhers, des ehemaligen Merseburger Bischofs und Erzbischofs von Magdeburg, wurde das Bistum Merseburg wieder eingerichtet. Memleben mußte dafür zurückstehen: Heinrich II. hielt sich nie in Memleben auf. Fast auf den Tag genau neun Jahre später, am 26. Januar 1015, löste Heinrich II. die Abtei Memleben auf und übertrug ihre Besitzungen – im Zuge seiner 1007 erfolgten Bistumsgründung Bamberg – wieder an das Kloster Hersfeld.

Zu vermerken und zu berichten ist ferner nicht ohne schwere Beklemmung, daß Kloster Memleben seine seit alters bestätigte Freiheit mit Untertänigkeit vertauschen mußte. Es wurden nämlich sein Abt Reinhold abgesetzt, die Brüder weithin zerstreut und das Kloster der Hersfelder Kirche und ihrem damaligen Abt Arnold unterstellt. (Thietmar VII, 31) Wahrscheinlich hat die Abtei trotz der Angaben Thietmars weiter bestanden. Zu Beginn des 13. Jahrhunderts wurde in unmittelbarer Nähe zur alten Abtei eine neue Kirche errichtet, deren Ruine und Krypta auch heute noch beeindrucken.

1015 Aufhebung St. Mariens

Memleben/ Klosterruine St. Marien

März– Oktober: Di.–So. 10–12 Uhr u. 14–17 Uhr

Oktober– November: Di.–So. 10–16 Uhr

ab 29. November geschlossen (nur nach telefonischer Voranmeldung)

Tel. (03 46 72) 8 48 34

Querfurt

Auch Querfurt gehört zu den im Hersfelder Zehntregister des ausgehenden 9. Jahrhunderts genannten Burgen. Sie war allerdings keine Pfalz, sondern gehört zu den Beispielen einer Adelsburganlage. Vom Ende des 10. bis zum 15. Jahrhundert war Burg Querfurt Sitz der Edel-

9. Jahrhundert erste Erwähnung Querfurts

herren von Querfurt. Der erste hier nachgewie-
sene Edelherr ist Brun I. von Querfurt (zw.
1009/1019). Er war der Vater des heiligen Brun,
der am 9. März 1009 während einer Missionsreise zu den Pruzzen das Martyrium erlitt.

Brun von Querfurt, dessen soll mit der Aufnahme Querfurts gedacht werden, wurde hier um
974 geboren. Verwandt mit Thietmar von Merseburg wurde er wie dieser an der Domschule in
Magdeburg ausgebildet. Beide erlebten 983 den
Luitizenaufstand. Etwa 996 wurde Brun in die
königliche Hofkapelle aufgenommen und begleitete Otto III. nach Rom. Beeindruckt von
den Berichten über den Märtyrertod Adalberts
von Prag (997) beschloß Brun, in der Mission
tätig zu werden (seit 1002). 1004 wurde er von
Heinrich II. in Merseburg zum Missionsbischof
geweiht und unternahm mehrere Reisen, die ihn
nach Kiew und bis an den Dnjepr führten. Ausgangspunkt war dabei häufig der Hof des polnischen Herzogs Boleslaw Chrobry, mit dem er
freundschaftlich verbunden war.

*Einer meiner Altersgenossen und Mitschüler aus
edelstem Geschlecht, aber durch das Erbarmen des
Herrn, mehr als seine anderen Verwandten, ein Aus-
erwählter unter den Kindern Gottes, war Brun. Ihn
liebte seine ehrwürdige Mutter Ida besonders und
übergab ihn zur Unterweisung dem Philosophen
Geddo [Leiter der Magdeburger Domschule]; reich-
lich erhielt er alles, was er brauchte. Sein Vater war
Brun, ein wackerer und sehr lobenswürdiger Herr.
Er stand mir verwandtschaftlich nahe und war zu
allen Menschen sehr freundlich. Wenn sein gleichnamiger Sohn morgens zur Schule gehen mußte, bat er
vor dem Verlassen der Unterkunft um Urlaub und*

▶

*Burganlage
Querfurt mit
Burgkirche*

*betete, während wir spielten. Beschäftigung war ihm
lieber als Nichtstun, und so trug er Frucht und gelangte zur Reife.*

*Otto III. ließ ihn kommen und nahm ihn in seine
Dienste, er aber verließ ihn bald wieder, suchte ein
Einsiedlerleben zu führen und lebte von seiner
Tätigkeit. Nach dem Tode des ruhmreichsten Kaisers
[Otto III.], als Heinrich II. von Gottes Gnaden König war, kam er nach Merseburg, bat ihn im Ein-
verständnis mit dem Herren Papst um die Bischofs-
würde und erhielt hier auf seinen Befehl durch Erz-
bischof Tagino die Weihe. [...] Dann nahm er zum
Gewinn für seine Seele die Mühe einer weiten und
großen Reise [Kiew] auf sich, kasteite seinen Leib
durch Fasten und quälte sich mit Nachtwachen. Von
Boleslaw und anderen reichen Leuten erhielt er viele
Güter, die er sogleich an Kirchen, Freunde und Arme verteilte, ohne etwas für sich zu behalten.*
(Thietmar VI, 94).

Zwischen seinen Missionsreisen fand Brun die
Zeit, mehrere Schriften zu verfassen. Um 1004
entstand, wohl in Querfurt, die erste Fassung einer „Lebensbeschreibung des heiligen Adalberts, Bischofs von Prag". In diesem Werk ver-
urteilte Brun die Aufhebung des Bistums Merseburgs (981) aufs schärfste. Otto III. fand in
Brun von Querfurt einen großen Kritiker. Brun
kritisierte vor allem die Politik des Kaisers: die
Renovatio imperii Romanorum. Die Erneuerung
des Reiches der Römer bündelte nach Brun zu
viele Kräfte, die der Kaiser besser auf seine
Heimat Sachsen hätte konzentrieren können.
Darüber hinaus, wie auch in weiteren folgenden
Schriften, thematisierte Brun seine Vorstellungen der Mission. Dabei wird immer wieder
deutlich, daß für Brun die Bedeutung der otto-

nischen Politik östlich der Elbe eng mit Erfolgen in der Mission verbunden war. Während seines Aufenthalts 1004 in Querfurt gründete Brun in der Burg ein Stift.

Infolge der engen Beziehungen zum polnischen Herzog Boleslaw Chrobry gehörte Brun von Querfurt zu den größten Gegnern des Bündnisses mit den Luitizen, das Heinrich II. 1002 gegen Boleslaw geschlossen hatte. 1008 hielt sich Brun zur Vorbereitung einer weiteren Missionsreise längere Zeit in Polen auf. Aus diesem Jahr stammt ein Brief, in dem er sich an Heinrich II. wandte.

Wenn auch dies jemand geäußert haben sollte, daß ich für diesen Fürsten [Boleslaw Chrobry] Treue und größere Freundschaft hege, so ist dies wahr. [...] Ist es recht ein christliches Volk zu verfolgen und ein heidnisches zum Freund zu haben? Wie stimmt Christus mit Belial [d. i. der Teufel]? Welcher Vergleich ist zwischen Licht und Finsternis? Wie kommen Swararis [slaw. Gottheit] oder der Teufel, und der Herzog der Heiligen, Euer und unser Mauritius zusammen? Mit welcher Stirn gehen neben einander die heilige Lanze und die teuflischen Feldzeichen derer, die von Menschenblut sich nähren? [...] Also erweise Barmherzigkeit! Laß fahren die Grausamkeit! Wenn Du einen Getreuen haben willst, höre auf zu verfolgen. [...] Sei auf der Hut, o König, wenn Du alles mit Gewalt, niemals mit Barmherzigkeit machen willst. [...] Wenn nur dies hinzugefügt werden möchte, daß Du auch barmherzig wärst, und nicht immer mit Gewalt, sondern auch mit Barmherzigkeit ein Volk Dir gewännest und angenehm machtest. Du würdest sehen, mehr durch Wohltat als durch Krieg ist ein Volk zu gewinnen. (Brun von Querfurt, Brief an Heinrich II., 1008)

Im darauffolgenden Jahr brach Brun zu einer weiteren Missionsreise auf, die nach Preußen führte.

Im 12. Jahr seines trefflichen mönchischen Lebenswandels reiste er in das Gebiet der Pruzzen, um diesen unfruchtbaren Boden mit göttlicher Saat zu befruchten. Aber das rauhe Land, in dem die Dornen sprießen, ließ sich nicht leicht auflockern. Als er im Grenzraum zwischen diesem Gebiet und Rußland predigte, untersagten es ihm die Einwohner zunächst; als er weiter das Evangelium verkündigte, nahmen sie ihn gefangen und enthaupteten ihn, der in der Liebe zu Christus, dem Haupt der Kirche, sanft war wie ein Lamm, am 14. Februar [richtig: 9. März], zusammen mit seinen 18 Begleitern. Die Leichen aller dieser Märtyrer blieben unbestattet liegen, bis Boleslaw davon erfuhr, sie loskaufte und seinem Hause dadurch Trost für die Zukunft erwarb. (Thietmar VI, 95)

**Burg
Querfurt**

täglich
9–17 Uhr
Tel. (03 47 71)
5 21 90

Eine Gedenktafel in der Kirche der Burg Querfurt, die auf den Resten des von Brun gegründeten Stiftes steht, erinnert heute an den Heiligen.

92

IV. „*Und da wir jetzt die Zeit als dafür geeignet erachten ...*" Otto der Große und die Gründung des Erzbistums Magdeburg

Zu den Aufgaben mittelalterlicher Herrscher gehörte die Vermehrung des christlichen Glaubens, vor allem in nichtchristlichen Gebieten. Im Zusammengehen von Papst und König/Kaiser wurden in den eingenommenen Gebieten Erzbistümer und Bistümer gegründet und den Bischöfen dann weitere Aufgaben („Einkirchung" so Borgolte) übertragen. Unter Karl dem Großen wurden im eroberten Sachsen Bistümer gegründet, u. a. Halberstadt. Halberstadt blieb für mehr als 150 Jahre das einzige Bistum im Kernland der Ottonen. 948 stellte sich Otto I. mit der Gründung der Bistümer Havelberg und Brandenburg in die Tradition Karls des Großen. Vorausgegangen war die Errichtung von Markgrafschaften, die sich etwa von der unteren Elbe (Nordmark unter Markgraf Hermann Billung 936) über das Gebiet von Havelberg in Norden bis Naumburg/Weißenfels (Ostmark unter Markgraf Gero 937) im Süden erstreckten, so daß dieser militärischen Sicherung nun eine christliche Mission folgen konnte. Mit dem Sieg über die Ungarn auf dem Lechfeld am 10. August 955 war das Königtum Ottos I. nach innen und außen unangefochten. Jetzt, so Widukind von Corvey, nannte ihn sein Heer *pater patriae imperatorque*, Vater des Vaterlandes und Kaiser. Wenn auch Widukind hier noch ältere Vorstellungen eines Kaisertums auf militärischer Grundlage vertrat und die Kaiser-

krönung durch den Papst nicht erwähnt, begann
Otto I. mit dem Sieg über die Ungarn seine im-
perialen Vorstellungen umzusetzen. Auf dem
Weg zur Kaiserkrönung 962 war die Errichtung
neuer Bistümer in den eroberten Gebieten ein
wichtiger Schritt. Die Verbindung von Eroberung und Mission griff so letztlich auf das Kai-
sertum von Karl dem Großen zurück.

Die Umsetzung der Erzbistumspläne Ottos des
Großen zogen sich etwa von 955 bis 1004/1028
hin, wenn man die Verlegung Zeitz' nach Naumburg einbezieht, und beschäftigten sämtliche
Nachfolger bis einschließlich Heinrich II., dem
letzten Herrscher aus ottonischem Hause.

Bischöfe im Reichsdienst
Bistümer waren für die ottonischen Herrscher wichtige Grundlagen ihrer Herrschaft.
Der König/Kaiser investierte den Bischof: er
übergab ihm den Krummstab, der Bischof
leistete ihm den Treueeid. Erst danach wurde
der Bischof inthronisiert und geweiht. Ohne
Beteiligung des Königs oder Kaisers konnte
eine Bischofseinsetzung nicht geschehen.
Von besonderer Bedeutung war es daher, geeignete und vor allem treue Kandidaten zu
finden. Diese wurden in der königlichen
Hofkapelle, einer auf karolingische Anfänge
zurückgehenden Institution, ausgebildet und
in den Dienst des Königs genommen.
Unter Otto I. wurde diese Hofkapelle zu einem für die Herrschaft der Ottonen wichtigen Instrument ausgebaut. Hilfreich erwies
sich dabei Brun, Bruder Ottos des Großen,
dessen Karriere als beispielhaft für einen
(späteren) ottonischen „Reichsbischof" ge-

nannt werden kann. Brun war zunächst Leiter der Hofkanzlei. 959 wurde er Erzbischof von Köln. Gleichzeitig übertrug ihm Otto I. das Herzogtum Lothringen. Diese Kombination von geistlichen und weltlichen Aufgaben stieß unter den Zeitgenossen allerdings noch auf Widerspruch. Heinrich II. bezog die Bischöfe stärker in den Reichsdienst ein und übergab ihnen auch weltliche Rechte.

Halberstadt

Die Anfänge des Bistums Halberstadt gehen in die Zeit Karls des Großen (768–814) zurück. Zunächst in Seligenstadt, das mit dem heutigen Osterwieck identifiziert wird, gegründet, wurde zu Beginn des 9. Jahrhunderts unter Bischof Hildegrim I. (804–827) der Bischofssitz nach Halberstadt verlegt. Nicht deutlich sind die Gründe für diese Verlegung. Anzunehmen ist, daß die sich hier kreuzenden Handelswege Hellweg (Köln-Dortmund-Magdeburg) und Bremen-Braunschweig-Halle Anlaß für die Verlegung boten. Bischof Hildegrim „brachte" aus seinem Bistum Châlons-sur-Marne den Schutzpatron des neuen Halberstädter Bistums mit, den hl. Stephanus. Die Halberstädter Bischofschronik berichtet, daß Hildegrim 35 Pfarrkirchen in seiner Diözese hat errichten lassen, die alle diesem Heiligen geweiht waren. Neben der Errichtung von Grafschaften bildeten Missionsbistümer die Voraussetzung für die Einbeziehung Sachsens in das karolingische Reich. Auch vom Bruder Hildegrims, dem hl. Ludger, soll in Halberstadt eine Kirche errichtet worden sein, eine Johanneskirche.

Beginn des 9. Jahrhunderts Gründung des Bistums Halberstadt

Grabungen haben gezeigt, daß in Halberstadt schon zu Beginn des 9. Jahrhunderts auf dem Domhügel eine erste Missionskirche gestanden hatte, die ebenfalls dem hl. Stephanus geweiht war. Der Bau dieser Kirche wird dem ersten Halberstädter Bischof Hildegrim zugesprochen. Unter dessen Nachfolgern Thiatgrim (827–840) und Haymo (840–853) wurde die Missionskirche zu einer Bischofskirche ausgebaut.

Unter Bischof Hildegrim II. (853–888) fand 859 ◄
die Weihe dieser Bischofskirche statt. Bei Ausgrabungen kam zu Tage, daß dieser karolingische Bau in seiner Größe der Innenraumlänge
des heutigen gotischen Domes entsprach. Die
sogenannte Domburg erhielt 902 die Immu-
nität. Die dort Wohnenden wurden der Ge-
richtsbarkeit eines Grafen entzogen und direkt
dem Bischof unterstellt: eine wichtige Grundlage für die Entwicklung zu einer Bischofsstadt.
Halberstadt konnte sich zu Beginn der Herrschaft der Ottonen nicht nur auf karolingische
Wurzeln berufen, sondern bildete darüber hinaus auch das geistliche Zentrum in der nun ent-
stehenden Königslandschaft. Der Halberstädter
Bischof Siegmund (894–923/24) war zuständig
für alle Fragen des kirchlichen Lebens in Ostsachsen und griff in dieser Funktion ein, als
Heinrich I. in erster Ehe die verwitwete und ins
Kloster gegangene Merseburger Grafentochter
Hatheburg geheiratet hatte. Der Bericht Thietmars läßt offen, ob es zur Trennung von Hatheburg aufgrund dieses Einspruches oder wegen
einer aussichtsreicheren Partie kam.

Unter Siegmunds Nachfolger Bernhard (923/
924–968) rückte das ehrwürdige Bistum Halberstadt in den Mittelpunkt der Bistumspolitik
Ottos I.

Bernhard, ein sächsischer Adliger aus dem Gebiet um Hadmersleben, war seit etwa 923/24 Bischof von Halberstadt. 937 ließ er sich von Otto I. die Privilegien seines Bistums bestätigen,
ein übliches Vorgehen, wenn ein neuer König
die Regentschaft antrat. In dieser Bestätigung
verlieh Otto I. dem Bistum Halberstadt auch das
Recht der freien Bischofswahl. Seit etwa 955
mußte Bernhard beobachten, daß der König

*Johannes-
Evangeliar
Elfenbeinrelief
auf Evangelien-
handschrift
(Lüttich? um
1000). Diese
Handschrift soll
Ludwig der
Fromme († 840)
dem Halberstädter
Bischof Haymo
geschenkt haben,
der auch die
Dombibliothek
begründet haben
könnte,
Domschatz
Halberstadt*

**923/924–968
Bischof
Bernhard**

Pläne hinsichtlich einer kirchlichen Neuordnung Ostsachsens hatte. Der Halberstäder Bischofssitz sollte nach Magdeburg verlegt werden und Magdeburg zum Erzbistum erhoben werden.

Vielleicht war Bernhard davon angetan, das Vorhaben hätte schließlich einen Karrieresprung für ihn bedeutet. Der Mainzer Erzbischof war mit einem solchen Plan nicht einverstanden, da die Umsetzung eine Verringerung des Mainzer Besitzes bedeutete. Kurze Zeit später änderten sich die Pläne des Königs. Von der Verlegung des Bischofssitzes Halberstadt war nicht mehr die Rede. Ein Erzbistum Magdeburg sollte errichtet werden und diesem ein neu zu gründendes Bistum Merseburg unterstellt werden.

Spätestens mit dem Plan einer Magdeburger und Merseburger Bistumsneugründung (ab etwa 962) war der Bestand des Halberstädter Bistums unmittelbar betroffen, und Bernhard wehrte sich so gut er konnte. Er hatte dazu auch gute (kirchen-)rechtliche Grundlagen. Die Neugründung von Bistümern konnte nicht ohne Einverständnis der betroffenen Bischöfe geschehen, selbst wenn König und Papst es wollten. Weigerte sich der Bischof, blieben jene machtlos. Erst wenn der Bischofssitz vakant war, wenn der Bischof gestorben war, konnte der König auf potentielle Nachfolger Einfluß nehmen, indem er einen ihm geeignet erscheinenden Kandidaten berief, was nicht immer mit dem oft verliehenen Recht des Domkapitels, den Bischof zu wählen, einherging.

Doch dies stand noch nicht an. Nach seiner Kaiserkrönung 962 verzögerte sich der Aufenthalt Ottos I. in Italien noch um einige Jahre. Nach

seiner Rückkehr nach Ostsachsen 965, so ist anzunehmen, versuchte Otto die Zustimmung des
Halberstädter Bischofs zu erhalten. Doch Bernhard weigerte sich, vielleicht darin bestärkt
durch den Einsturz des karolingischen Doms im
selben Jahr. Einer Verringerung des Halberstädter Bistums und damit auch der Einkünfte
zuzustimmen, hätte auch für den nun nötigen
Neubau Konsequenzen gehabt.

Die Halberstädter Geschichtsquellen aus der
Zeit, die Beschreibung der Taten der Bischöfe
(*Gesta episcoporum*), berichteten von der ent-
schlossenen Weigerung Bernhards. Er sei sogar
vom Kaiser (966) in Quedlinburg in Haft gesetzt
worden, worauf er den Kaiser exkommuniziert
habe. Erst durch bußfälligen Einzug in Halberstadt habe sich der Kaiser davon wieder lösen
können und mit Bernhard Frieden geschlossen.
Beide, so die Chronik weiter, hätten sich dann
verständigt, zu Lebzeiten Bernhards die Pläne
nicht weiter zu verfolgen.

Bernhard starb zwei Jahre später, 968. Otto I.
erfuhr davon während seines Aufenthaltes in
Italien und ließ den potentiellen Nachfolger
Hildeward zu sich kommen. Nach einigem Hin
und Her erhielt Otto I. die Zustimmung Hilde-
wards zur Errichtung des Erzbistums Magdeburg. Hildeward war hingegen mit der Neugründung Merseburgs weniger einverstanden
und hat der dazu notwendigen Gebietsabtre-
tung wohl auch nicht schriftlich zugestimmt.
Dennoch, Ende des Jahres 968 wurden der erste
Magdeburger Erzbischof Adalbert und die Bischöfe von Meißen, Zeitz und Merseburg geweiht. Das Bistum Merseburg blieb den Halber-
städtern ein ständiges Ärgernis und nicht nur ihnen: Um das seinem geliebten Stephanus, dem

Halberstädter Schutzpatron, zugefügte Unrecht zu rächen, habe Gott der Herr nach Merseburgs Erhebung zum Bistum die „Besetzer"
(*occupatores*) aus dem Leben gerufen, so berichtet der Autor der Halberstädter Bischofschronik. Otto I. starb 973, der Magdeburger Erzbischof im dreizehnten Jahr seiner Erhebung und
Boso war nur ein Jahr Bischof in Merseburg.

▼
*Der gotische Dom
St. Stephanus
und St. Sixtus in
Halberstadt*

Nachdem Hildeward 980 weitere Reliquien des hl. Stephanus für die Bischofskirche erhalten hatte, schien der Heilige auch selbst an der Wiederherstellung der alten Grenzen seines Bistums mitgewirkt zu haben. „Nachweisbare Zeichen" habe er bewirkt, so die Halberstädter Bischofschronik, deren herausragendstes die Aufhebung Merseburgs und die Herstellung alter Halberstädter Zuständigkeiten im folgenden Jahr 981 gewesen sei. Es war wohl nicht nur der hl. Stephanus, der dieses erreicht hatte, die Aufhebung Merseburgs hatte sich seit längerem angekündigt, wohl in gemeinsamer Beratung Ottos II. und der betroffenen Bischöfe von Magdeburg und Merseburg. Als gewichtigster Grund für die Aufhebung wird, zumindestens offiziell, im päpstlichen Beschluß eine fehlende schriftliche Zustimmung des Halberstädter Bischofs zur Einrichtung Merseburgs genannt. Halberstadt erhielt den größten Teil seiner an Merseburg abgetretenen Gebiete zurück. Daß nun der Schutzheilige des Bistums Merseburg, der hl. Laurentius, herausgefordert war und diesem ihm zugefügten Unrecht nicht tatenlos zusehen konnte, war für den Chronisten Thietmar von Merseburg nur konsequent: das kaiserliche Heer unter Otto II. wurde in Italien 982 vernichtend geschlagen, die Slawen erhoben sich 983 und Otto II. starb in eben diesem Jahr.

Die Aufhebung Merseburgs und die durch den Slawenaufstand 983 recht „unruhig" gewordene Region um Magdeburg konnte Halberstadt in gewisser Weise für sich nutzen. So werden Handelswege jetzt stärker auf Halberstadt hin ausgerichtet gewesen sein. 989, und nochmals 992, bestätigt, wurde durch Otto III. (983–1002) dem

989–992
Marktrecht an
Halberstadt

Bischof das Markt-, Münz- und Zollrecht verliehen. Diese Privilegierung, so Otto III., sollte nach dem Vorbild anderer Städte, wie etwa Magdeburg geschehen. Zentrum dieser kaufmännischen Siedlung dürfte der Bereich um die Martinikirche gewesen sein. Ein *mercatus*, ein Marktplatz, wird 994 als bereits vorhanden erwähnt.

**992
feierliche
Domweihe**

Krönender Höhepunkt in diesen für Halberstadt so erfolgreichen Zeiten sollte die Weihe des neuerbauten Domes im Jahr 992 sein.

Bischof Hildeward hatte bedeutende Gäste zu diesem Ereignis geladen. Anwesend waren die Vertreterinnen der kaiserlichen Familie, die Matriarchin, Kaiserin Adelheid, ihr noch unmündiger Enkel, Otto III., die Tante des jungen Prinzen, Mathilde, Äbtissin von Quedlinburg,

**Dom
St. Stephanus
und St. Sixtus**

Hathui, Äbtissin von Gernrode und eng verwandt mit der kaiserlichen Familie, anwesend waren die Erzbischöfe von Mainz, Magdeburg und Hamburg-Bremen und andere Bischöfe,

Sommer:
Mo.–Fr.
10–17 Uhr
Sa.
10–16.30 Uhr,
So.
11–16.30 Uhr
(außer zu
gottesdienstl.
Veranstaltungen)

sowie der wahrscheinlich als Vertreter des Papstes eingeladene Bischof von Padua, und anwesend waren alle weltlichen Herren Sachsens.

Höhepunkte der Feier bildeten die anschließende Zepterniederlegung des jungen Prinzen auf dem Hauptaltar und die Einleitung der Heiligsprechung des ersten „ottonischen" Heiligen, des Bischofs Ulrich von Augsburg (923–973).

Winter:
Mo.–Fr.
10–17 Uhr
Sa.
10–16.30 Uhr
So.
11–16.30 Uhr

Und so schien sich für Halberstadt alles zum Guten zu entwickeln, wäre nicht Merseburg wieder Gegenstand ottonischer Politik geworden. Erste Anzeichen waren in Halberstadt mit der Regelung der Nachfolge des 996 verstorbenen Bischofs Hildeward zu beobachten. Nicht

Tel. (0 39 41)
60 95 19

der vom Domkapitel vorgeschlagene Kandidat, sondern der von Otto III. (983–1002) ausgewählte Arnulf (996–1023) trat, zum Ärger des Halberstädter Domkapitels, die Nachfolge an. Da die ersten Überlegungen zur Wiedereinrichtung des Merseburger Bistums unmittelbar nach Arnulfs Ernennung begannen, scheint es auch hier vorbereitende Gespräche gegeben zu haben. Arnulf blieb weiterhin in der Gunst des Ottonenkaisers und erhielt u. a. die Ilsenburg und die Huysburg, in denen er Benediktinerklö-

**996–1023
Bischof Arnulf**

▼

*Innenansicht
des Doms*

ster gründen ließ. 1004 stimmte er dann der Wiedereinrichtung des Merseburger Bistums zu, nicht ohne sich dafür zum Teil entschädigen zu lassen. Arnulf legte 1005 den Grundstein für die der Maria geweihte Liebfrauenkirche, die er 1020 weihte.

1020
Weihe der
Liebfrauen-
kirche

Der unter Bischof Bernhard begonnene und unter dessen Nachfolger Hildeward geweihte ottonische Dom, die dort aufbewahrten kostbaren Reliquien und Handschriften, die entstehende Siedlung und nicht zuletzt der Bau der Liebfraukirche müssen auf die Zeigenossen beeindruckend gewirkt haben. Schon Heinrich II. bezeichnete Halberstadt als einen herrschaftlichen Ort (*principalis locus*). Wenn auch jene ottonischen Bauten im 12. und 13. Jahrhundert den heute existierenden Bauwerken weichen mußten, sind dennoch Zeugnisse ottonischer Zeit vorhanden.

Liebfrauen-
kirche

täglich
10–17 Uhr

Tel. (0 39 41)
2 42 10

Besonders hervorzuheben ist der Domschatz, der bis in die Gegenwart nahezu vollständig erhalten geblieben ist.

Havelberg

Nicht lange währte die Zeit, in denen die Bischöfe von Havelberg und Brandenburg den Aufgaben in ihren Diözesen nachgehen konnten.

Für die Zeit Heinrichs I. (919–936) wird in Havelberg eine Burg genannt, die wahrscheinlich auf dem heutigen Domhügel gelegen hat und als Ausgangspunkt für weitere Eroberungszüge gegen die Elbslawen diente.

Unter seinem Sohn, Otto I., wurde im Oktober 948 das Bistum Havelberg gleichzeitig mit dem Bistum Brandenburg gegründet und dem Erzbistum Mainz zugeordnet. Mit der Gründung des Bistums Havelberg übertrug Otto I. dessen erstem Bischof Dudo die Hälfte der vorgenannten Burg und des Burgbezirkes sowie Zehnteinkünfte. Im Zuge seiner Bistumspläne wurden die beiden neuen Bistümer 968 dem neu gegründeten Erzbistum Magdeburg unterstellt. Aus den ersten Jahrzehnten des Havelberger Bistums gibt es kaum Nachrichten. In den Mittelpunkt der Ereignisse rückte Havelberg, wie auch Brandenburg, im Sommer 983.

**948
Gründung
der Bistümer
Havelberg und
Brandenburg**

„Indirekte Missionskriege" (Carl Erdmann): Slawen und Sachsen
Die Eroberung der Gebiete östlich von Elbe/Saale begann unter Heinrich I. mit der Eroberung Brandenburgs 928/29 und dem damit verbundenen Sieg über die dort lebenden Heveller. Weitere Kriegszüge führten in das Gebiet der Daleminzer in der Gegend um Meißen. Die Eroberung einer nicht genau zu lokalisieren Burg Gana mit der Ermordung aller Erwachsenen (über 15 Jahren) und der Gefangennahme (Sklaverei) der Kinder durch die Krieger Heinrichs I. zeigt die Grausamkeit der auf beiden Seiten heftig geführten Kriege. Bis etwa 935 war der größte Teil des Gebietes zwischen Elbe/Saale und Oder dem sächsischen König tributpflichtig. Durch Otto I. wurden 936/37 Markgrafschaften eingerichtet. Unter der Herrschaft Hermann Billungs stand die Nordmark (Siedelgebiet der Abodriten im heutigen Mecklenburg/Vorpommern). Markgraf Gero war Herr über die sogenannte Ostmark (Siedelgebiet der Heveller im mittleren Elbegebiet; sorbische Stämme östlich der Saale).

**Dom
St. Marien**

April:
Mo.–Fr.
10–17 Uhr
Sa., So.
10–18 Uhr

Mai–
September:
Mo.–So.
10–18 Uhr

Oktober:
Mo.–Fr.
10–17 Uhr
Sa., So.
10–18 Uhr

November–
März:
Mo.–So.
10–16 Uhr

Tel. (03 93 87)
8 93 80

▲

Das Prignitz-Museum in Havelberg besitzt einige Fundstücke, die auf slawische Besiedlung der Gebiete an der Elbe hinweisen, wie z. B. das sogenannte „Slawische Geweihgerät", 10./12. Jahrhundert

Mit der Errichtung der Markgrafschaften begann die militärische Verwaltung der Gebiete. Diese, zumindest unter Markgraf Gero, scheint einhergegangen zu sein mit der Ermordung der Anführer einzelner slawischer Stämme. In der Folge der militärischen Eroberung wurden Missionare gesandt und Bistümer gegründet. Die slawischen Stämme verloren ihre Eigenständigkeit. Für die Luitizen, einem Bund mehrerer einzelner Stämme (östliches Mecklenburg), war der Stammeskult um das Heiligtum Riedegost/Rethra (Hauptgott Swararriz) zugleich auch politisches Organisationsprinzip. Die Christianisierung hätte die Vernichtung der Kultus und damit die Aufhebung der politischen Ordnung bedeutet. Unter Führung des Luitizenbundes kam es 983 zu einem großen Aufstand verschiedener Stämme, der nur mit Mühe von sächsischen Adligen unter Erzbischof Giselher von Magdeburg südwestlich von Tangermünde aufgehalten werden konnte. Große Gebiete östlich der Elbe gingen den Sachsen verloren, das Missionswerk Ottos des Großen galt als gescheitert. Rückeroberungsversuche in den Jahren unter Otto III. (983–1002), dem polnischen Herzog Mieszko I. († 992) und dessen Sohn Boleslaw Chrobry († 1025) scheiterten. Unter Heinrich II. (1002–1024) kam es zu dem aufsehenerregenden Bündnis mit den Luitizen gegen den polnischen Herzog Boleslaw Chrobry. Die Luitizen gingen aus diesen Kämpfen gestärkt hervor, verloren aber zu Beginn des 12. Jahrhunderts im Kampf gegen Lothar III. (1125–1137) ihre Eigenständigkeit.

Thietmar von Merseburg beschrieb den Aufstand aus der Perspektive eines Bischofs und stellte ihm in engen Zusammenhang mit der kurz zuvor erfolgten Aufhebung des Bistums Merseburg. Er interpretierte den Aufstand sozusagen als Fluch der bösen Tat.

◄

*Slawische Gefäße,
9./10. Jahr-
hundert
Prignitz-Museum
Havelberg*

Völker, die nach Annahme des Christentums unseren Königen und Kaisern zu Tribut und Diensten verpflichtet waren, griffen bedrückt durch die Überheblichkeit Herzog Dietrichs, in einmütigem Entschluß zu den Waffen. Schon vorher wurde es meinen Vater, Graf Siegfried, offenbart: Er sah nämlich im Traume den Himmel dicht mit Wolken bezogen und hörte auf seine staunende Frage, was das zu bedeuten habe, eine Stimme sagen: „Jetzt soll sich die Weissagung erfüllen: Gott läßt regnen über Gerechte und Ungerechte" – Die Schandtaten begannen am 29. Juni mit der Ermordung der Besatzung von Havelberg und der Zerstörung des dortigen Bischofssitzes. Drei Tage später überfiel beim Läuten der Prim ein Haufen slawischer Empörer das 30 [richtig: 20] Jahre vor Magdeburg errichtete Bistum Brandenburg; sein dritter Bischof Folkmar hatte zuvor fliehen können, während an diesem Tage sein Schirmer Dietrich mit seinen Krie-

**Prignitz-
Museum**

**Domplatz 1
39539 Havel-
berg**

Tel. (03 93 87)
2 14 22

**Mo./Di .
Ruhetag**

**Mi.–So.
10–12 Uhr
13–17 Uhr**

gern nur mit Mühe entkam. Die dortigen Priester wurden gefangen, Dodilo, der zweite Bischof des Ortes, der von den seinen erdrosselt nun schon drei Jahre im Grabe lag, aus seiner Gruft gerissen; seine Leiche und sein Bischofsornat waren noch unversehrt; die habgierigen Hunde plünderten sie aus und warfen sie dann achtlos zurück. Alle Kostbarkeiten der Kirche wurden geraubt und das Blut vieler elendiglich vergossen. [...] Dann verwüsteten [Slawen] das Kloster des hl. Laurentius in der Burg Calbe und setzten den Unsrigen wie flüchtigen Hirschen nach, denn auf Grund unserer Missetaten hatten wir Angst, sie aber guten Mut. Der Abodritenherzog Mistui verbrannte den ehemaligen Bischofssitz Hamburg und legte ihn wüst. [...] Später wurde Mistui wahnsinnig und mußte in Ketten gelegt werden; als man ihn mit Weihwasser besprengte, schrie er jämmerlich: „Der hl. Laurentius verbrennt mich!", ohne die Freiheit wieder zu erlangen. (Thietmar III, 18)

▼

Dom St. Marien in Havelberg

Der Bischof von Havelberg und auch sein Amtsbruder, der Bischof von Brandenburg, galten nun als Bischöfe im „Gebiet der Ungläubigen" und erfüllten verschiedene Aufgaben in anderen Gebieten des Reiches. So führten sie z. B. 1004 die Weihe des Merseburger Bischofs Wigbert durch.

Erst Mitte des 12. Jahrhundert konnte Havelberg wieder von einem Bischof in Besitz genommen werden. Anselm von Havelberg (1129–1155) ließ ein Domstift errichten (1147) an das er Prämonstratenser, Mitglieder eines Reformordens des 12. Jahrhunderts, holte.

Rückkehr nach Havelberg Mitte des 12. Jahrhunderts

Magdeburg: *urbs regia* – königliche Stadt der Ottonen

Die ersten Nachrichten zu Magdeburg gehen in die Zeit Karl des Großen zurück.

Umittelbar nach dem Ende der Sachsenkriege wurde Magdeburg 805 in einem nach einer Pfalz benannten Gesetz, dem Diedenhofener Kapitular, erstmals urkundlich erwähnt. Karl der Große (768–814) traf in diesem Gesetz Bestimmungen über die Anlage von Handelsstellen an der neuen Ostgrenze seines Reiches. Hier im Grenzgebiet zu den Slawen sollten Beauftragte des Kaisers, sogenannte Missi (lat. *missus*, Gesandter, Königsbote), Handel ermöglichen und gleichzeitig darauf achten, daß keine Waffen an die Slawen geliefert wurden. In Magdeburg hatte dafür ein Mann mit Namen Aito zu sorgen.

Wie sich Aito dabei anstellte, wird in den folgenden spärlichen Nachrichten zu Magdeburg nicht überliefert, und auch die geringen Funde archäologischer Ausgrabungen für diese Zeit lassen offen, ob Magdeburg im 9. Jahrhundert ständig besiedelt war.

Die Überlieferung zur Geschichte Magdeburgs setzt etwa 100 Jahre später mit Otto I. wieder ein, an dessen Familie Magdeburg inzwischen gekommen war.

Aus diesen Gründen stellten schon die ottonischen Geschichtsschreiber, wie etwa Thietmar von Merseburg, die Anfänge Magdeburgs in direkten Zusammenhang mit Otto dem Großen.

Unmittelbar nach der Hochzeit hatte Otto seine Besitzungen in Magdeburg seiner Frau Edgith im Jahr 929/930 als Morgengabe, einer Form der rechtlichen und materiellen Absicherung der Ehefrau, übertragen. Otto und Edgith wurden vom Zeitpunkt der Hochzeit an bis zu Ottos Thronbesteigung 936 in den Quellen nicht mehr erwähnt. Es wird angenommen, daß sich das Paar in der Zeit von 929 bis etwa 936 in Magdeburg aufgehalten hat. Die beiden aus dieser Ehe stammenden Kinder Liudolf und Liudgard könnten hier geboren sein. Und vielleicht erklärt dies gerade das Engagement Edgiths für die weitere Entwicklung Magdeburgs. *Auf ihre Veranlassung begann er den Bau des befestigten Platzes [civitas] Magdeburg, wohin er mit großen Ehren die Reliquien des Märtyrers Christi Innocentius überführte. Denn er errichtete diese Burg [urbs] um der Gnade ewiger Wiedervergeltung willen zum Wohle unseres gemeinsamen Vaterlandes. Edgith seligen Angedenkens half ihm dabei, soviel sie konnte.* (Thietmar II, 3)

Magdeburg begann unter den Ottonen zur königlichen Stadt, zur *urbs regia*, aufzusteigen. Voraussetzungen dafür bot eine in Magdeburg vorhandene Pfalz, die Otto wohl seit den 30er Jahren hat ausbauen lassen. Die Bedeutung der Pfalz Magdeburg für die Geschichte der ottonischen Könige erschließt sich aus ihrer Einbeziehung in die Königsherrschaft Ottos I. Da wären zunächst die zahlreichen Aufenthalte des Königs und späteren Kaisers (etwa 22). Von größerer Bedeutung sind die in der Pfalz abgehaltenen Hoftage und kirchlichen Feiern. So ist Magdeburg schon im ersten Jahr der Königsherrschaft 937 Schauplatz einer bedeutenden Versammlung, vielleicht sogar eines Hoftages, auf dem erste wichtige politische Entscheidungen hinsichtlich des Königtums Ottos des Großen getroffen wurden (Ernennung des Grafen Gero zum Markgrafen der neu geschaffenen Ostmark). Während dieses Ereignisses erhöhten Otto I. und Edgith die Bedeutung Magdeburgs durch die Gründung eines Benediktinerklosters.

Das Mauritiuskloster

Am 21. September 937, am Vorabend des Festes des hl. Mauritius, gründete Otto der Große das den Heiligen Innozenz und Mauritius geweihte Kloster, *zum Gedenken an unseren Vater [Heinrich I.], und zum Heil unserer Seele und der unseres Vaters und unserer Gemahlin Edgith und unserer Kinder [Liudgard und Liudolf] und zur Tilgung all unserer Schuld und vor allem auch [zum Heil der Seele] des Königs Rudolf [II. von Hochburgund, Schwager von Edgith], der uns die Reliquien des hl. Innozenz übersandt hat*, wie es in der Gründungsurkunde heißt. In Anwesenheit der Erzbischöfe Friedrich von Mainz (937–954) und

21.9.937
Gründung
des Mauritius-
klosters

Adaldag von Bremen/Hamburg (936–988), acht Bischöfen und zahlreicher anderer Herren übertrug Otto dem Kloster seinen Hof (vermutlich an der Stelle des späteren Klosters St. Johannis/Berge) und stattete die Gründung großzügig mit Grundbesitz und Einkünften aus Zins, Kaufs- und Verkaufszehnt sowie Holzschlag, Waldnutzung und Schweinemast aus. Für den königlichen Schutz, den das Kloster erhielt, hatte es dem König jährlich ein Pferd, einen Schild und eine Lanze oder zwei Pelzmäntel zu liefern: eine Abgabe, die an den Schutzheiligen des Klosters, den hl. Mauritius, erinnert. Auffällig ist, daß bei der Gründung des Mauritiusklosters, die Mutter Ottos I., Mathilde, mit keinem Wort erwähnt wird, wohl ein Zeichen für die familiären Spannungen unmittelbar nach Herrschaftsantritt Ottos I. Das Mauritiuskloster wurde mit Mönchen aus St. Maximin in Trier besetzt. Der erste Abt war Anno. Ein kurze Zeit später erteiltes päpstliches Schutzprivileg entzog das Mauritiuskloster einem möglichen Einfluß des zuständigen Halberstädter Bischofs.

Das Mauritiuskloster könnte schon von Beginn an in größere missionspolitische Pläne Ottos des Großen gestellt worden sein.

965/75
Marktrecht
an Madgeburg
Mit der Gründung des Mauritiusklosters und dem erfolgten Ausbau der Pfalz, die seit 942 als *palatium* in den Quellen bezeichnet wird, begann auch die Entwicklung einer städtischen Ansiedlung. Die Zoll-, Münz- und Marktrechte wurden zunächst dem Kloster, später dem Erzbischof, übertragen und zeugen seit etwa 965/975 von vorhandenem Markttreiben und in Magdeburg seßhaft gewordenen Kaufleuten im Bereich der Johanniskirche.

Von der Pfalzanlage, in unmittelbarer Nähe zum heutigen Dom gelegen, konnten 1959–1968 Überreste eines Palastes ergraben werden. Sichtbar ist davon nichts mehr. Allerdings haben diese Ausgrabungen ergeben, daß es sich bei dem Palast Ottos des Großen um eine architektonisch außerordentlich bedeutsame Anlage gehandelt haben muß, deren genaue Funktion bis heute noch nicht eindeutig zu klären ist.

Die Wahl des Mauritiusklosters als Begräbnisstätte für die am 26. Januar 946 verstorbene Königin Edgith verstärkte die Bedeutung Magdeburgs für das Königtum Ottos I., zumal er sicher seit dieser Zeit Magdeburg auch als Ort seines eigenen Begräbnisses ausgewählt hatte.

26. Januar 946
Tod der
Königin
Edgith

Immer wieder hielt er sich während kirchlicher Festtage in Magdeburg auf und tätigte großzügige Stiftungen an das Kloster. Auch nach seiner Rückkehr aus Italien 952 führte der Weg nach Magdeburg, um hier mit seiner zweiten Frau, der Königin Adelheid, Ostern zu feiern. Und hierher kam auch Berengar, der Adelheid in Italien so schmählich behandelt und eingekerkert hatte, um sich Otto I. zu unterwerfen. Daß er drei Tage in Magdeburg warten mußte, bis er vorgelassen wurde, zeigt, daß das Königspaar dieses Verhalten nicht vergessen hatte.

Auf dem Weg zum Erzbistum

Spätestens nach der erfolgreichen Schlacht gegen die Ungarn auf dem Lechfeld 955 ließ Otto I. *an der Grabstätte der frommen Edgith, neben der er selbst nach seinem Tode zu ruhen wünschte, einen prächtigen Kirchenbau beginnen.* (Thietmar II, 11)

955
Lechfeld-
schlacht

113

Für diese neue Basilika, in der die Gemahlin Ottos ihre letzte Ruhestätte, auf der Nordseite nach Osten zu, fand, war kein Aufwand zu groß. Otto veranlaßte den aufwendigen Transport antiker Säulen aus Italien über die Alpen, brachte Gold und Edelsteine für liturgische Geräte mit und sorgte für die wichtigste Ausstattung der Kirche, die Ausstattung mit Reliquien, von denen einige in Säulenkapitelle eingeschloßen wurden. Otto I. stellte sich damit in die Tradition Karls des Großen, der das gleiche für „seine" königliche Stadt, Aachen, hatte durchführen lassen.

Als deutliches Zeichen einer neuen, sächsischen Epoche, als sächsische königliche Stadt, sollte Magdeburg neben Aachen, dem Symbol karolingischer/fränkischer Herrschaft, stehen.

Der Neubau und die prachtvolle Ausstattung des Mauritiusklosters sind auch im Zusammenhang mit den Plänen Ottos des Großen hinsichtlich der Erhebung Magdeburgs zum Erzbistum zu sehen.

In den ersten Ansätzen dieser Politik Ottos ist nur ein Brief seines Sohnes Wilhelm, des seit 954 amtierenden Mainzer Erzbischofs, überliefert. Wilhelm stellte sich zutiefst empört gegen die Absichten seines Vaters. Hier waren die Interessen des Erzbischofs weitaus stärker berührt, als es Familienverbindungen aushalten ließen. Von der Verlegung des Halberstädter Bischofssitzes nach Magdeburg war die Rede, und dies bedeutete auf jeden Fall eine Verringerung Mainzer Besitzes. Er wolle lieber sein Erzbistum verlassen und Heiden bekehren, so schrieb Wilhelm dem Papst. Dieser möglichen Verlegung des Halberstädter Bischofssitzes werde er, solange er lebe, nicht zustimmen. Der Brief hatte Konsequenzen. Otto ließ zunächst von seinen Bistumsplänen ab, Wilhelm wurde seit 961 in den Urkunden Ottos wieder erwähnt. Ein durch den Brief entstandener Streit zwischen Vater und Sohn ist wohl erst zu dieser Zeit beigelegt worden.

Nach der Kaiserkrönung Ottos am 2. Februar 962 stand die Neuerrichtung und -ordnung der Bistümer in Sachsen und östlich der Elbe wieder an. Einen Tag bevor Otto dem Papst in einer Urkunde, dem sogenannten Ottonianum, großzügige Rechte und Ansprüche auf Besitz zusicherte, erhielt er von Papst Johannes XII. am 12. Februar 962 eine Bestätigung, in der das Mauritiuskloster in Magdeburg zu einem Erzbistum erhoben und diesem ein neuzugründendes Bistum Merseburg unterstellt werden sollte. Die ursprünglichen Pläne hatten sich geändert. Von einer Verlegung Halberstadts war nicht mehr die Rede. Die Neuerrichtung eines Merseburger Bistums allerdings ging auf Kosten der Halberstädter Diözese. Dies rief den Widerstand des Halberstädter Bischofs Bernhard hervor. Ohne die Zustimmung des Halberstädters konnte selbst Papst Johannes XII. nichts ausrichten. Und die ließ auf sich warten. Auch nach Ottos Rückkehr von der Kaiserkrönung nach Sachsen, die sich durch Kämpfe in Italien und Auseinandersetzungen mit dem Papst, der sich kurze Zeit später gegen Otto stellte, noch fast weitere vier Jahre bis 965 hingezogen hatte, kam es nicht zu der erwarteten Umsetzung der durch den Papst genehmigten Pläne.
In der Zwischenzeit hatte Otto dem Mauritiuskloster weitere großzügige Schenkungen ge-

**961–965
2. Italienzug
Ottos des
Großen**

macht, die spätestens jetzt einem zukünftigen Erzbischofssitz angemessen waren.

So ist für 961 eine Stiftung für die Krypta nachzuweisen, in der die 960 in Regensburg erworbenen Reliquien des hl. Mauritius aufbewahrt wurden.

Erst 967, während eines dritten Italienaufhaltes Ottos des Großen, ist wieder die Rede von einem Erzbistum Magdeburg. Auf der Synode in Ravenna bestimmte Papst Johannes XIII., der Nachfolger von Johannes XII., die Erhebung Magdeburgs zum Erzbistum. Diesem Erzbistum sollte jetzt nicht nur ein schon erwähntes neues Bistum Merseburg, sondern noch zwei weitere, neu zu errichtende Bistümer Zeitz und Meißen unterstellt werden. Auch die 948 gegründeten Bistümer Brandenburg und Havelberg sollten dem neuen Erzbistum Magdeburg eingegliedert werden. Die Erweiterung der Pläne hing wohl mit den militärischen Erfolgen des Markgrafen Gero zusammen, der 963 weitere Gebiete östlich der Elbe unterworfen hatte, für die ein Merseburger Bistum nicht allein zuständig sein konnte. Auch diese weiter gefaßten Pläne bedurften der Zustimmung der betroffenden Bischöfe, vor allem des Halberstädters, die Otto auch jetzt nicht erreichen konnte.

Erst das Jahr 968 sollte den Weg frei machen. Möglich wurde dies, nachdem die Gegner der Erzbistumspläne gestorben waren, Bischof Bernhard von Halberstadt im Februar und Erzbischof Wilhelm von Mainz im März des Jahres. Auf die Auswahl der Kandidaten für die Nachfolge konnte Otto in seinem Sinne Einfluß nehmen. Nachdem ihm der Tod der beiden Bischöfe nach Rom gemeldet worden war, ließ er zunächst den Halberstädter Kandidaten Hildeward kommen und erreichte, bevor er ihn als Bischof einsetzte, dessen Zustimmung zum Verzicht auf Gebiete seines Bistums. Bei der Besetzung des Mainzer Erzbistums ging Otto I. ähnlich vor. Ottos Kandidat Hatto wurde ebenfalls nach Rom beordert, und auch Hatto gab seine Zustimmung zur Umsetzung der Pläne Ottos. So konnte Otto I. gegen Ende des Jahres 968 seinen Gefolgsleuten in Sachsen seine Sicht der Dinge mitteilen:

Daß wir in der Stadt Magdeburg einen erzbischöflichen Sitz zu errichten wünschen, ist euch bereits bekannt, und da wir jetzt die Zeit als dafür geeignet erachten, haben wir nach Einholung des Rates unseres hochverehrten Erzbischofs Hatto und des Bischofs Hildeward sowie unserer anderen Getreuen den ehrwürdigen Bischof Adalbert, der einst zum Missionar der Russen ernannt und entsandt war, als Erzbischof und Metropolitan einzusetzen und zu erwählen beschlossen für alles slawische Volk jenseits der Elbe und Saale, ob es bereits zu Gott geführt ist oder noch zu ihm geleitet werden muß. [...] Und auf daß nicht in Zukunft seine Wahl und Inthronisierung von irgend jemanden angefochten werden – doch solches sei ferne – befehlen wir, daß von seiner Hand in Gegenwart der Vertreter des Herrn Papstes und in eurer Anwesenheit drei Bischöfe ordiniert werden sollen: einer für Merseburg, einer für Zeitz und einer für Meißen. [...] Auf daß die Bischöfe, die ordiniert werden sollen, keinen armseligen und bäuerischen [villani] Eindruck machen, ordnen wir an, daß ihr euch ihrer annehmt und im Einverständnis mit dem Erzbischof und den Bischöfen und den Grafen, die mit dem Erzbischof Weihnachten verbringen werden, auf Mittel und Wege sinnt, sie auszustatten. Bedenkt, was wir an sie wenden, wird zu unserem eigenen Seelenheil Gott dargebracht, und euer Lohn bei

**968
Magdeburg
wird
Erzbistum**

117

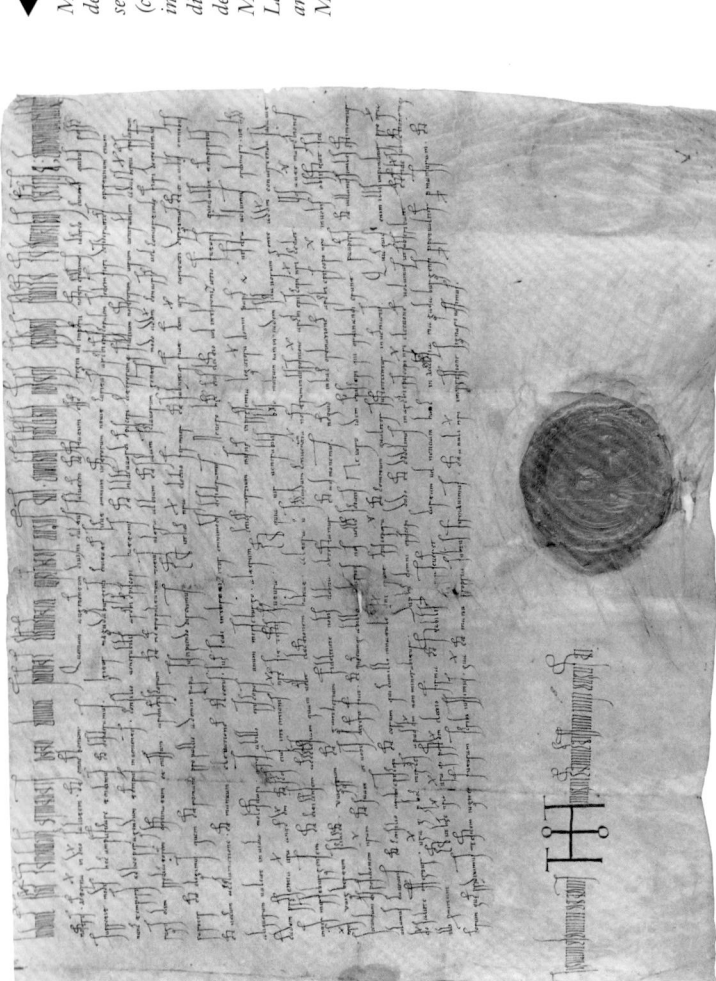

Mitteilung Ottos des Großen an seine Gefolgsleute (comprovinciales) in Sachsen über die Gründung des Erzbistums Magdeburg, Landeshauptarchiv Magdeburg

Gott wird dadurch nur vermehrt.[...] Um der Sicherheit und Dauer dieser unserer und euer, von Gott verordneten Wahl willen ordnen wir an, daß diese Urkunde und Aufzeichnung für ewig in der Kirche zu Magdeburg aufbewahrt und als Zeuge für das, was wir befohlen haben, aufgeschrieben werde, und bestätigen sie durch unsere eigenhändige Unterschrift und haben befohlen, daß sie durch Aufdrücken unseres Siegels beglaubigt wird. (Urkunde Ottos I. 968, übersetzt nach Wolfgang Lautmann)

Erster Erzbischof von Magdeburg wurde Adalbert. Dieser hatte 961 schon leidvolle Missionserfahrungen sammeln müssen. Auf Bitten der getauften Fürstin Helena sollten damals ein Bischof und mehrere Priester zur Mission nach Rußland geschickt werden. Adalbert wurde von seinem Erzbischof Wilhelm von Mainz dazu auserwählt, wie Adalbert selbst schrieb. Nach dem Scheitern dieser Mission 962, bei der Adalbert gerade noch dem Tod entfliehen konnte, wurde er 966 Abt des Elsässer Klosters Weißenburg. Schon einige Zeit vorher hatten die Mönche des Mauritiusklosters ihr Kloster verlassen müssen. Sie mußten nach fast dreißig Jahren in das für sie eingerichtete Kloster St. Johannis/Berge ziehen und hatten darüber hinaus noch sämtliches liturgisches Gerät, Bücher etc. dem neuen Domstift zu übergeben. So ließen sie es sich nicht nehmen, in jährlichen Trauerprozessionen barfüßig zum Dom zu pilgern, um sich den dortigen Domherren in Erinnerung zu bringen. Unter Adalbert begann der Aufbau der Magdeburger Domschule. Hier wirkte einer der gelehrtesten Köpfe seiner Zeit, Ohtrich, den sein Zeitgenosse, Brun von Querfurt, als zweiten Cicero bezeichnete. Ein Namensvetter Adalberts,

Aufbau der Domschule

119

der spätere Bischof von Prag, erhielt hier seine Ausbildung. Unter dem Nachfolger Ohtrichs, Ekkehard, genannt der Rote, wurden die späteren Bischöfe Thietmar von Merseburg, Eiko von Meißen und Liudger von Münster ebenso ausgebildet wie der schon genannte Brun von Querfurt.

Damit war Magdeburg nicht nur bedeutender Pfalzort und Begräbnisstätte der Königin Edgith, jetzt war es Metropole, Erzbistum – gleichgestellt den Erzbistümern Mainz, Trier und Köln, oder wie Johannes XIII. es 967 nannte: „die erste unter den ersten und alt mit den alten." Die Bedeutung einer Pfalz zeigt sich, wie schon gesagt, in ihrer Funktion in der Herrschaftspraxis der regierenden Könige, was sie an diesem Ort, an welchem kirchlichen Festtag verhandelten. Unter Heinrich I. entwickelte sich für Quedlinburg die Tradition, hier Ostern zu begehen, unter Otto I. kam die Feier des Palmsonntags in Magdeburg hinzu. Dieses Fest erinnert an den Einzug Christus' in Jerusalem, und sozusagen als Vertreter Christi wollte auch Otto der Große seine Ankunft gefeiert wissen. Damit machte er allen Anwesenden deutlich, wie er sein Königtum verstand.

Palmsonntag in Magdeburg oder
Der falsche Mann im falschen Bett

972/973
Palmsonntage
in Magdeburg

Im Jahre 972 ereignete sich in Magdeburg ein Skandal, über den Thietmar von Merseburg ausführlich berichtet. Seit etwa sechs Jahren hielt sich Kaiser Otto in Italien auf: Er hatte seinen Sohn Otto II. zum Mitkaiser krönen lassen, er hatte die Gründung des Erzbistums Magdeburg betrieben, dort bemühte er sich, die Hochzeit seines Sohnes mit Theophanu zu vereinbaren, als ihm aus Magdeburg merkwürdige Nachrichten übermittelt wurden. Herzog Hermann Billung, der als Stellvertreter Ottos die Regentschaft in Sachsen führte, habe zu Palmsonntag in Magdeburg einen Hoftag gefeiert. Dabei habe ihn Erzbischof Adalbert unter Glockengeläut an der Hand in die mit Kerzen feierlich geschmückte Kirche geführt. Aber nicht nur dieses; Otto mußte erfahren, daß der Herzog inmitten der Bischöfe bei Tische den Platz des Kaisers eingenommen und sogar in dessen Bett geschlafen habe. *Da befahl der ehrhabene Caesar in mannhafter Empörung Erzbischof Adalbert durch ein Schreiben, ihm so viele Pferde zu senden, wie er dem Herzoge habe Glocken läuten und Kerzenleuchter anzünden lassen.* Wie viele Pferde Erzbischof Adalbert damals dem König zu schicken hatte, ist nicht überliefert.

Herzog Hermann hingegen wurde nicht bestraft, aber Kaiser Otto wußte, was er zu tun hatte. Er kehrte aus Italien über Bayern zurück nach Sachsen (973) und *zog dann geradewegs nach der Stadt Magdeburg, wo er das Fest der Palmenweihe feierlich beging. Wie gewöhnlich an allen Festtagen ließ er sich in prunkvoller Prozession von Bischöfen und anderen Priestern ihrem Range nach mit Kreuzen, Heiligenreliquien und Rauchfässern [zur Vesper, Matutin und Messe] in die Kirche geleiten. Hier stand und saß er in großer Gottesfurcht, die ja der Anfang aller Weisheit ist, und sprach bis ans Ende des gesamten Gottesdienstes nur Gebete; bei der Rückkehr in seine Wohnräume ließ er sich und seinem großen Gefolge von Priestern, Herzögen und Grafen viele Kerzen vorantragen. Am folgenden Tage übergab er zum Heile seiner Seele Gott und sei-*

nem unbesieglichen Ritter Mauritius unbeschreiblich reiche Geschenke an Höfen, Büchern und anderem königlichen Gerät. (Thietmar II, 28)

In Erinnerung an das Palmsonntagsfest 973 unternahm Heinrich der Zänker 984 den Versuch, mit der Feier des Palmsonntag in Magdeburg seine Ansprüch auf die Nachfolge Ottos II. anzumelden. 1003 feierte Heinrich II., als letzter Ottonenherrscher, Palmsonntag in Magdeburg, allerdings dann schon unangefochten als Nachfolger Ottos III.

7. Mai 973 Tod Ottos des Großen

Das 973 von Otto dem Großen in Magdeburg gefeierte Palmsonntagsfest war auch sein letztes. Er starb am 7. Mai des selben Jahres in Memleben und wurde auf eigenen Wunsch im Magdeburger Dom in Anwesenheit der Erzbischöfe Adalbert von Magdeburg und Gero von Köln in einem Marmorsarg beigesetzt.

Nach dem Tode Ottos des Großen wurde Magdeburg weiterhin von seinen Nachfolgern besucht. Wie auch Quedlinburg war es nun Ort der Grablege eines ottonischen Königspaares.

Otto II. (973–983)

Otto II. ist während seiner Regentschaft (973–983) fast jährlich in Magdeburg nachzuweisen, er erneuerte dabei die von seinem Vater gewährten Privilegien und übertrug dem Erzbistum das Recht der Wahl der Nachfolger auf dem Bischofssitz.

In die Zeit Ottos II. fällt auch die Aufhebung des Bistums Merseburg, ein massiver Eingriff in die Politik des Vaters. Adalbert war als Erzbischof von Magdeburg verantwortlich für die seinem Sitz unterstellten Bistümer. Und vielleicht war es diese Verantwortung, die ihn dazu bewog, sich der Politik Ottos II. anzuschließen und eine seit etwa 979 überlegte Aufhebung Merseburgs

zu befürworten. Merseburg war in missionspo-
litischer Hinsicht im Vergleich zu Zeitz und
Meißen das am wenigsten „ausbaufähige" Bistum. Wie so häufig entschied sich das weitere
Geschehen an der Regelung der Nachfolge des
Erzbischofs. Das Domkapitel in Magdeburg
hatte eine hervorragende Wahl getroffen, Ohtrich, den berühmten Leiter der Magdeburger
Domschule, eine Wahl, die Adalbert hingegen
entschieden ablehnte. Nach dem Tode Adalberts 981 trat das Domkapitel weiter für seinen
Kandidaten Ohtrich ein. So machte sich eine
Abordnung mit Ohtrich auf den Weg nach Italien, um Kaiser Otto II. ihren Kandidaten zu
präsentieren und um dessen Investitur zu bitten.
Unterwegs trafen sie den Merseburger Bischof
Giselher, der ihnen versprach, sich beim Kaiser
für sie zu verwenden. In einem Gespräch mit
Otto II. allerdings setzte Giselher seine Interessen, die auch die des Kaisers und des Papstes waren, durch. Giselher wurde Erzbischof von Magdeburg, das Merseburger Bistum aufgehoben,
die Besitzungen zwischen Magdeburg, Halberstadt, Zeitz und Meißen aufgeteilt.

**981
Giselher wird
Erzbischof
(981–1004)**

Doch dieser Karrieresprung Giselhers stand unter keinen guten Vorzeichen. 983 traf auch
Magdeburg die Auswirkungen des Slawenaufstandes: *Die ehrwürdige Stadt, ehedem weit und
breit berühmt unter den Völkern und eine von den
großen Städten, solange Otto I. das Zepter führte, ist
jetzt ein halb verwüsteter Ort und ein unsicherer
Aufenthalt für Schiffer,* so berichtete Brun von
Querfurt wohl ein wenig übertreibend. Nur mit
Mühe gelang es dem Erzbischof Giselher und
anderen sächsischen Adligen, die Slawen an der
Tanger aufzuhalten. Die zuvor durch die Aufhe-

**983
Slawen-
aufstand**

123

**Magde-
burger Dom**

Mai–
September:
Mo.–Sa.
10–18 Uhr
So. u. an kirchl.
Feiertagen
11.30–18 Uhr

Oktober–April:
Mo.–Sa.
10–16 Uhr
So. u. an kirchl.
Feiertagen
11.30–16 Uhr

Tel. (03 91)
5 43 31 31

bung Merseburgs verstärkte Stellung des Erzbistums Magdeburg wurde nun durch den Ver-
lust der Bistümer Brandenburg und Havelberg
zunichte gemacht.

Nach dem Tode Ottos II. (983) stand Giselher
zunächst auf Seiten Heinrichs des Zänkers und
ermöglichte diesem die Feier des Palmsonntags
in Magdeburg. 985 scheint sich Giselher mit
Otto III. ausgesöhnt zu haben, eine Verständi-
gung, die nicht lange Bestand haben sollte.

Seit etwa 997 werden erste Pläne Ottos III.
deutlich, in denen es um die Wiederherstellung
des Bistums Merseburg ging. Erzbischof Giselher hatte gegen Kirchenrecht verstoßen, stellten Papst Gregor V. und Otto III. auf einer Synode fest, als er sein Bistum Merseburg verließ
und Erzbischof von Magdeburg geworden war.
Giselher sollte nachweisen, daß er weder von
Ehrgeiz noch Habgier geleitet, die Beförderung
auf den Magdeburger Stuhl betrieben hatte. Da
nicht geregelt war, in welchem Zeitraum und
auf welche Weise dies genau zu geschehen hatte, tat Giselher das für ihn Plausible: er saß das
Problem zunächst bis zum Tode Ottos III. 1002
aus. Zwei Jahre zuvor, im Jahr 1000, waren mit
der Errichtung des Erzbistums Gnesen Magdeburger Möglichkeiten einer Missionierung Po-
lens zunichte gemacht. Wenn Giselher nun hinsichtlich einer Bewahrung Magdeburger Besitz-
standes auf Heinrich II. gehofft hatte, sollte er
sich irren.

Heinrich II. stellte sich in die Pflicht des hl.
Laurentius, des Schutzpatrons des Merseburger
Bistums. Deutliches Zeichen war 1002 die Königskrönung seiner Gemahlin Kunigunde am
10. August, dem Tag des hl. Laurentius, in Paderborn. Jetzt wurde Giselhers Position proble-

▶

*Dom St. Mauritius
und St. Katharina*

124

▲

Vielleicht stellt der aus sehr viel späterer Zeit stammende Magdeburger Reiter die Erinnerung an die Ankunft eines Königs zum Palmsonntag in Magdeburg dar, Original im Kulturhistorischen Museum, Replikat auf dem Alten Markt

matisch. Selbst auf dem Sterbebett weigerte sich Giselher, der Wiedereinrichtung Merseburgs zuzustimmen. Er möge, so die Gesandten des Königs, im Gedenken an Gott doch wenigstens in seinen letzten Tagen freiwillig die Sünde wiedergutmachen, die er bis jetzt durch die Aufhebung des Merseburger Bistums auf sich geladen habe. Giselher erbat Bedenkzeit und starb drei Tage später, am 25. Januar 1004. So entschied wieder einmal die Regelung der Nachfolge über die weiteren Geschicke des Erzbistums. Das Magdeburger Domkapitel, eingedenk seines durch kaiserliches Privileg gewährten Wahlrechts entschied sich für Walthard, Mitglied des Domkapitels. Zur Beerdigung Giselhers traf auch der König in Magdeburg ein, so daß das Domkapitel hier den Kandidaten präsentieren konnte. Allerdings hatte auch Heinrich II. einen eigenen Kandidaten, Tagino. Walthard, der Magdeburger Kandidat, mußte sich der Präsenz des Königs beugen. *Wir kennen die Absicht eures Herrn, wir wünschen, wenn irgend möglich, unser Wahlrecht wahrzunehmen. […] Wir fürchten schwere Schädigungen für unsere Kirche und erbitten, um das zu verhindern, des Königs Gewogenheit: Wohl kennen wir den Ausspruch des Weisen: Die Freiheit des Volkes, das unter einem König steht, geht zugrunde vor der Freiheit des Herrschers.* (Thietmar V, 41) Die Berufung auf das Wahlrecht half hier nichts; König Heinrich II. setzte seinen Kandidaten, Tagino, als Bischof von Magdeburg durch und erreichte, nach einigen Zugeständnissen, auch die Zustimmung des Domkapitels.

Tagino wurde 1004 Erzbischof von Magdeburg und stimmte bereitwillig der Wiedererrichtung des Merseburger Sprengels zu, die sich unmittelbar anschloß.

1004–1012
Erzbischof
Tagino

Unter Heinrich II. veränderte sich die Bedeutung Magdeburgs als *urbs regia*. Merseburg wurde die von Heinrich II. am häufigsten besuchte Pfalz. Mit der Gründung des Bistums Bamberg 1007 erhielt das Erzbistum Magdeburg zudem Konkurrenz in der Slawenmission. Die Geschichte Magdeburgs wurde seit dem beginnenden 11. Jahrhundert durch die Erzbischöfe geprägt. Im 12. Jahrhundert setzten Norbert (1126–1134), der Gründer des Prämonstratenserordens, und Wichmann (1152/54–1192) weitere wichtige Akzente für die Geschichte Magdeburgs.

**Kloster
Unser Lieben
Frauen**

**Sommer u.
Winter:
Di.–So.
10–18 Uhr**

**Kreuzgang,
Ausstellung,
Kirche bis
17 Uhr
geöffnet**

**Tel. (03 91)
56 50 20**

Unter Tagino wurde die zu Zeiten Ottos I. begonnene Krypta des Magdeburger Doms umgebaut und am 22. Februar 1008 geweiht. Nach dem Tode Taginos, 1012, konnte dessen Nachfolger Walthard, der schon 1004 Kandidat war, sein Bischofsamt nur ein Jahr lang ausfüllen. Unter dessen Nachfolger Gero (1012–1023) erfolgte in Magdeburg eine größere Bautätigkeit. Gero legte die Anfänge für das Kloster Unser Lieben Frauen und für das Sebastiansstift, in dem er auch begraben wurde. Er beendete die angeblich unter Otto I. begonnene Stadtmauer. Das Kloster Unser Lieben Frauen wurde im 11. Jahrhundert durch einen Neubau ersetzt, der sich bis heute in der Klosterkirche erhalten hat.

Von den ottonischen Bauten – Palast und Kloster bzw. ottonischer Dom – haben sich kaum

▲

Sarkophag Ottos I.
Nach einer
Beschreibung aus
dem 16. Jh. wurde
1936 der
Sarkophag mit
einer Inschrift auf
einem Eisenrost
versehen: „Vor
dem Marmor-
sarkophage/
dreimal neigt ihr
Haupt die Klage: /
Königtum, der
Kirche Zier /
Glanz des Reiches
beweint sie hier.“
(H. Goern)

Spuren erhalten. Der heutige Dom, der neben dem ottonischen Patrozinium Mauritius' noch das der hl. Katharina erhalten hat, steht zum Teil auf den Resten des Vorgängerbaus. Im Magdeburger Dom sind nur noch wenige ottonische Spuren vorhanden, etwa Reste der Krypta des ersten Domes (11. Jh.). In den gotischen Dom wurden verschiedene Ausstattungsgegenstände aus dem Vorgängerbau übernommen. Im Hohen Chor sind dies etwa antike Säulen (sogenannte Spolien) oder auch die Marmorplatte, die heute das Grab Ottos des Großen bedeckt.

Sie zeigen heute an zentraler Stelle im Dom die Verehrung, die man auch Jahrhunderte später dem König und Kaiser, Gründer der Stadt und des Erzbistums Magdeburg entgegen brachte.

Merseburg

Auch Merseburg gehörte wie Magdeburg oder Quedlinburg zu den Orten, deren Anfänge auf Pfalzen zurückgingen, die dann aber durch Errichtung von Klöstern/Stiften oder (Erz-)bischofssitzen eine besondere Rolle in der Zeit der Ottonen spielen sollten.

Die Anfänge Merseburgs reichen in karolingische/fränkische Zeit zurück. Merseburg wird im Hersfelder Zehntverzeichnis schon als befestigter Platz, *civitas*, aufgeführt. In karolingischer Zeit war die Gegend um Merseburg Grenzgebiet zu den Slawen und zu den Sachsen. Die Grenzsituation blieb zunächst bis ins zehnte

128

Jahrhundert bestehen; eine befestigte Anlage im Grenzgebiet der Sachsen, Thüringer und Slawen, so bezeichnet der Chronist Liudprand von Cremona Merseburg in dieser Zeit. Erst mit der Errichtung der Marken östlich der Saale im zehnten Jahrhundert und vor allem mit dem Ausgleich zu Polen im elften Jahrhundert wird diese Grenzlage nicht mehr bestimmend.

Der größte Teil Merseburgs, genauer gesagt die Altenburg, der nördliche Bereich des heute sogenannten Domhügels, gelangte über Erbschaft

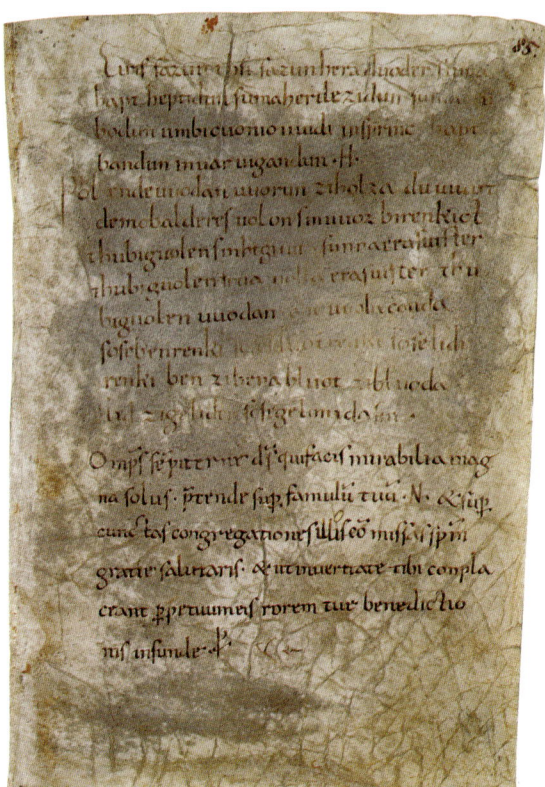

◄

Merseburger Zaubersprüche
Die Handschrift 136 des Domstiftarchivs Merseburg enthält neben christlichen Texten des 9./10. Jh. (Fränkisches Taufgelöbnis) auch die Merseburger Zaubersssprüche. Sie stammen aus heidnisch-germanischer Zeit und wurden in diese Handschrift nachgetragen

129

an Hatheburg, Tochter des Merseburger Grafen Erwin.

Ob ihrer [Hatheburgs] Schönheit und der Brauchbarkeit ihres reichen Erbes entsandte Heinrich eilends Werber und ließ ihr die Ehe versprechen, um sein Ziel zu erreichen, obwohl er wußte, daß sie als Witwe den Schleier genommen hatte. Endlich ließ sie sich durch viele Bitten und Ratschläge zum Nachgeben bewegen, wurde ehrenvoll empfangen und von den Seinen mit gebührender Liebe aufgenommen. Nach der, gemäß dem Brauch, vollzogenen Vermählung kam der Gatte mit seiner Gemahlin nach Merseburg. Da er ein Mann von hohem Rang war, lud er alle Herren der Umgebung ein und fesselte sie durch so große Gastlichkeit an sich, daß sie ihn als Freund liebten und als Herrn verehrten.
(Thietmar I, 5)

Heinrich I. trennte sich nach etwa drei Jahren von seiner ersten Frau, nicht ohne ihren Besitz zu behalten, und heiratete dann Mathilde. Hatheburg wird wohl in ein Kloster zurückgegangen sein. Der aus der ersten Ehe stammende Sohn Thankmar sollte in der weiteren Geschichte der Ottonen noch Bedeutung erlangen. Während der Herrschaft Heinrichs I. spielte Merseburg aufgrund der strategisch günstigen Lage eine wichtige Rolle.

Heinrich I. soll die Burganlage mit einer Mauer (um 930) gesichert haben. Dies könnte im Zusammenhang mit der sogenannten Burgenbauordnung Heinrichs I. stehen, die als Verteidigung gegen die Ungarn gedacht war. Zum weiteren Ausbau gehörte auch die Gründung einer (Pfalz-)Kirche auf dem Domhügel, die Johannes dem Täufer geweiht war. Nach dem Sieg über die Ungarn behielt Merseburg die Bedeutung einer Grenzfeste.

Hier sollte, wie Widukind überliefert, auf Befehl Heinrich I.,
eine aus begnadigten Dieben
und Mördern zusammengestell-
te Horde, die berüchtigte Merseburger Legion, plündernd
und mordend gegen die Slawen
vorgehen.
933, nach dem Sieg über die
Ungarn, bei dem nicht mehr zu
bestimmenden Riade an der
Unstrut, ließ der König *diesen
glorreichen und denkwürdigen
Sieg in der oberen Halle seiner
Pfalz zu Merseburg durch ein
Gemälde darstellen.* (Liudprand
von Cremona, Antap. II, 31).

▲

Auseinandersetzungen mit Thankmar

929, in der sogenannten Hausordnung, hatte
Heinrich I. seinen Sohn Otto zum alleinigen
Nachfolger bestimmt. Die Söhne Heinrich und
Brun wurden auf andere Weise versorgt.
Brun wurde für die geistliche Laufbahn vorgesehen und Heinrich scheint u. a. Teile Merseburgs erhalten zu haben. Das hätte nach Erbrecht auch Thankmar, dem Sohn Heinrichs I.
aus der Ehe mit Hatheburg, zugestanden. Als
Thankmar dann noch bei der Nachfolge eines
weiteren Verwandten zugunsten Markgraf Geros zurückgesetzt wurde, verbündete er sich gegen seine Halbbrüder Otto I., vor allem aber gegen Heinrich. In diesen Auseinandersetzungen
wurde er 938 ermordet. In den Kämpfen zwischen Heinrich und Otto I. um die Nachfolge
Heinrichs I. bildete Merseburg für Heinrich

den letzten Zufluchtsort. Hier, in der ihm neben Burgscheidungen noch verbliebenen Merseburg, wurde Heinrich 939 von seinem Bruder Otto dem Großen zwei Monate lang belagert. Heinrich und Otto beschlossen eine Waffenruhe von 30 Tage, Heinrich mußte Sachsen verlassen. Nach der Versöhnung der beiden Brüder (941) und auch nach der später erfolgten Erhebung Heinrichs zum Herzog in Bayern (947) riß die Verbindung der jetzt bayrischen Linie der Ottonen zu Merseburg nicht ab. Merseburg bildete sozusagen den sächsischen Stützpunkt dieser Linie und war somit immer wieder einbezogen in die Auseinandersetzungen innerhalb der Familie um die Krone. Doch zunächst wurden die weiteren Geschicke Merseburgs von Otto I. bestimmt, über den der bedeutende Chronist Thietmar von Merseburg berichtet.

Thietmar von Merseburg

Thietmar wurde am 25. Juli 975 wahrscheinlich in Walbeck/Aller geboren. Er war der dritte von fünf Söhnen einer angesehenen sächsischen Familie, der Grafen von Walbeck. Diese Familie gehörte aufgrund ihrer verwandtschaftlichen Verbindungen in das unmittelbare Umfeld königlichen Adels; ein Umfeld, das nicht nur Privilegien schuf, sondern auch Leben fordern konnte. Thietmars Urgroßvater Liuthar fiel 929 gegen die Luitizen, Thietmars Vater Siegfried starb 991 in Folge von Verletzungen, die sich im Kampf gegen die Slawen zugezogen hatte. Ein Teil der Familie stand zudem nicht immer auf der „richtigen" Seite. Sie unterstützten nicht Otto I., sondern dessen Bruder Heinrich.

In diesem Zusammenhang ist von Attentatsplänen auf Otto I. die Rede – zur Sühne wurde 941 das Stift St. Marien in Walbeck/Aller gegründet –, wie von Fehden mit anderen adligen Geschlechtern, von denen Thietmar oft zähneknirschend berichtet. Thietmars ältere Brüder Heinrich und Friedrich übernahmen den weltlichen Teil des Familienerbes, die drei jüngeren schlugen die geistliche Laufbahn ein. Thietmars Bruder Siegfried, dem er auch seine Chronik widmete, wurde Bischof von Münster (1022–1032), der Bruder Brun später Bischof von Verden (1034–1049). Thietmar genoß eine Erziehung, die die Grundlage für seine spätere Karriere legen sollte. Zunächst erhielt er in Quedlinburg, im Alter von fünf/sechs Jahren, unter Obhut seiner dort lebenden Tante Emnilde, einen ersten, recht guten Unterricht in Lesen und Schreiben. 987, im Alter von 12 Jahren, wurde Thietmar, auf Betreiben seines Vaters Siegfried, in das Magdeburger Kloster St. Johannis/Berge aufgenommen. Eine Pfründe, also ein regelmäßiges Einkommen, konnte Thietmar dort allerdings nicht erhalten, – es war keine Stelle frei –, und so entschloß sich Thietmars Vater, die Aufnahme in das Magdeburger Domstift zu erreichen. Dies gelang ihm auch, und im Jahr 990, am 1.11. trat Thietmar dort ein, ein Ereignis, das mit einem großen, allen sehr gefälligen zweitägigen Festmahl, wie er berichtet, gefeiert wurde. Nach dem Tode seiner Mutter Kunigunde 997 erbte Thietmar als dritter Sohn das Walbecker Stift und Teile des dazugehörenden Grundbesitzes. Die andere Hälfte besaß sein Onkel Liuthar, eine Erbengemeinschaft mit den daraus resultierenden Problemen: *Nun wandte ich mich mehrfach an meinen Oheim, ob ich das Amt übernehmen dürfe, wenn nicht geschenkweise, so vielleicht für einen mäßigen Preis. Nach langen zähen Verhandlungen, in denen er Liebe und verwandtschaftliche Verpflichtungen ganz vergaß, verlangte er von mir eine hohe Bezahlung. Da mich meine Brüder gar nicht unterstützten, gab ich leider seiner Forderung nach und wurde so am 7. Mai des Jahres 1002 Hüter dieser Kirche.* (Thietmar VI, 44)

So ganz interessiert war Thietmar an Walbeck nicht, boten sich doch durch die Ausbildung in Magdeburg, vor allem durch seine Verbindungen zum Magdeburger Erzbischof Tagino (1004–1012) andere Karrieremöglichkeiten. Tagino stand in gutem Verhältnis zu Heinrich II., in dessen Gegenwart Thietmar 1004 in Allstedt die Priesterweihe erhielt. 1009 wurde Thietmar auf Empfehlung Taginos als Kandidat für das Merseburger Bistum vorgeschlagen. Nach anfänglichem Zögern ernannte Heinrich II. am 24. April 1009 Thietmar zum Bischof von Merseburg. Jetzt galt Thietmars ganze Sorge der Wiederherstellung alter Merseburger Besitzverhältnisse, die er unermüdlich, mit Leidenschaft, betrieb. Thietmar legte 1015 den Grundstein für den Merseburger Dom, der einige Zeit später einstürzte. Dies mußte Thietmar nicht mehr erleben, er starb am 1. Dezember 1018 und wurde im Dom an heute nicht bekannter Stelle begraben.

Otto I. und die Gründung des Bistums Merseburg

Am Tag der Schlacht auf dem Lechfeld im Jahr 955 gelobte der König zu Ehren des hl. Laurentius ein Bistum in Merseburg zu gründen, wenn Laurentius, an „seinem" Tag, dem 10. August, dem Heer Ottos des Großen den Sieg verleihen würde. Nach der erfolgreichen Schlacht machte sich Otto I. an die Umsetzung dieses Gelübdes. Es sollte allerdings dreizehn Jahre dauern, bis das Bistum Merseburg gegründet werden konnte. In Merseburg ging Otto I. bald nach 955 daran, die vorhandene Pfalz auszubauen, und er gründete in der seit Heinrich I. vorhandenen Kirche St. Johannis ein Kloster zu Ehren des hl. Laurentius.

▼

Hallesche Laurentiustafel
Die sogenannte Hallesche Laurentiustafel zeigt die wichtigste Szene aus der Laurentiuslegende. Aufgefordert dem Kaiser Decius den Kirchenschatz

Über die Geschichte des Bistums Merseburg, der Gründung, Aufhebung und Wiedereinrichtung berichtet, aus persönlicher Perspektive Thietmar von Merseburg in seiner Chronik.

auszuhändigen, präsentiert Laurentius den wahren Schatz der Kirche: Arme und Kranke. Entstanden Ende 12. Jh., wohl als Teil eines Reliquienkastens, Landesmuseum für Vorgeschichte Halle/S.

„*Sieh zu, daß der Kaiser stets an Dich denkt, unser Gut wiederherstellt und unablässig fördert*" (Thietmar VIII, 14) – Die Chronik Thietmars von Merseburg

Die Chronik Thietmars von Merseburg (ab 1013) ist eines der wichtigsten Zeugnisse für die Zeit vor 1000 Jahren. Angetreten als Bischof mit dem Ziel, sein Bistum wieder in alte Rechte einzusetzen, diente seine Chronik zum einen der ständigen Erinnerung an die Geschichte Merseburgs für sein direktes Umfeld und seine Nachfolger. Sie ist zum anderen, wie kaum eine zweite Quelle dieser Zeit, Beleg für das Leben eines Bischofs um das Jahr 1000. Thietmar berichtet in seiner Chronik über seine Schwächen ebenso wie über den politischen Handlungsspielraum, den er zu nutzen versuchte.

Die von Thietmar eigenhändig erarbeitete Chronik wurde 1945 in Dresden zunächst durch Brand, dann durch Wasserschäden stark beschädigt, so daß nur noch Reste erhalten sind.

Nach langer Vorbereitung und zähen Verhandlungen war im Jahre 962, sieben Jahre nach dem geleisteten Gelübde, erstmals wieder die Rede von der Einrichtung eines Bistums Merseburg. *Wir wollen auch und befehlen durch diese Urkunde, daß das Kloster zu Merseburg, das der sehr fromme Kaiser selbst da, wo er die Ungarn niedergeworfen hat, für die Zukunft Gott geweiht hat, zu einem bischöflichen Sitze erhoben werde, der dem Stuhle von Magdeburg untergeben sei*, so Johannes XII. 962 nach der Kaiserkrönung Ottos des Großen. Mit der Errichtung Merseburgs wurden die Rechte und Besitzungen des Halberstädter Bistums stark beeinträchtigt, so daß weitere langwierige Verhandlungen mit dem Halberstädter Bischof ohne Erfolg blieben. Erst der Tod der Kontrahenten, des Mainzer Erzbischofs, vor allem des Halberstädter Bischofs 968 und die Einflußnahme Ottos des Großen auf die Nachfolgeregelungen in diesen Bistümern boten die

**968
Gründung des
Bistums
Merseburg**

Gelegenheit, das dem hl. Laurentius geleistete Versprechen in die Tat umzusetzen.

So konnte zu Weihnachten 968 der neue Erzbischof von Magdeburg, Adalbert, auch den ersten Bischof des neuen Merseburger Bistums, Boso, weihen. Großzügig hatte Otto I. diesem die Wahl zwischen Merseburg und Zeitz gelassen; Boso wählte Merseburg, weil es friedvoller war. Und Boso wußte, worüber er sprach. Als Mönch des Regensburger St. Emmeram-Klosters war er schon seit einiger Zeit mit Missionsaufgaben betreut. Seit etwa 950 wirkte er östlich der Saale, so auch in der Gegend um Zeitz.

968–970 Boso – erster Bischof von Merseburg

Boso hatte für den Auf- und Ausbau seines Bischofssitzes nicht mehr viel Zeit. Auf einer Reise ins heimatliche St. Emmeram starb er am 1. November 970. Nachfolger wurde 971 ein einheimischer Adliger, Giselher, der aus Güsten bei Aschersleben stammte. Mit diesem Bischof erlebte Merseburg eine königsnahe Zeit. Besonders unter Otto II. (973–983) erhielt Giselher für Merseburg reiche Schenkungen für seine *beständigen und treuen Dienste*. Das Bistum Merseburg war zu dieser Zeit das bedeutendste der drei neugegründeten Bistümer, bedeutend allerdings eher wegen der Nähe zu Otto dem Großen, nicht wegen einer missionspolitischen Notwendigkeit. Für diese Aufgaben waren von Beginn an die Bistümer Zeitz und Meißen aufgrund ihrer Lage sehr viel besser geeignet.

971–981 Bischof Giselher von Merseburg

Es lassen sich nach dem Tode Ottos I. (973) Pläne nachweisen, Merseburg aufzuheben (seit etwa 979). Zunächst wurde von der ottonischen Familie in Memleben, dem Sterbeort Heinrichs I. und Ottos I., 979 eine Abtei errichtet, die als Ausstattung große Teile eines eigentlich für

Merseburg gedachten Besitzes erhielt; erste Anzeichen für eine beabsichtigte Aufhebung Merseburgs. Offensichtlich wurden diese Pläne bei
der Nachfolgeregelung nach dem Tode des Erz-
bischofs Adalbert von Magdeburg (981). Das
Domkapitel Magdeburgs, im Recht der freien
Bischofswahl, war auf dem Weg nach Italien, um
Otto II. seinen Kandidaten zu präsentieren. Unterwegs traf die Gesandschaft einen guten Be-
kannten, den Merseburger Bischof Giselher.
Der, so Thietmar, galt damals viel beim Kaiser.
Im Glauben, einen guten Fürsprecher für den
Magdeburger Wunschkandidaten Ohtrich ge-
funden zu haben, überließ die Magdeburger
Gesandtschaft Giselher die Fürsprache beim
Kaiser: *Er versprach ihnen, sich getreulich für sie
verwenden zu wollen, doch nur sich selbst erwies er
sein äußerstes Wohlwollen gegen alle in der ganzen
Angelegenheit. Als er nämlich seine Kenntnis dem
Kaiser zu Gehör brachte, warf er sich ihm flehend zu
Füßen, erbat den versprochenen und lange fälligen
Lohn für seine langjährigen Bemühungen und erlangte ihn mit Gottes Willen sofort. […] Sei über-
zeugt, lieber Leser, es widerstrebt mir, das darzule-
gen, was diese mir so weit übergeordneten Männer
weder aus Scham vor ihren Zeitgenossen noch vor der
Nachwelt unterlassen mochten. Merseburg, das bis
dahin einen freien Herrn hatte, wurde nun nach
Aufhebung seines Bistumssitzes der Halberstädter
Kirche unterstellt, und Giselher, nicht sein Hirte,
sondern ein stets auf Emporkommen erpichter Krä-
mer erreichte am 10. September sein Ziel, ohne an
den Spruch zu denken: je höher die Treppe, um so tiefer der Fall.* (Thietmar III, 12–14)

Am 10. und 11. September 981 wurde auf einer
Synode in Rom die Aufhebung Merseburgs be-

schlossen. Das Domstift wurde wieder in ein dem hl. Laurentius geweihtes Kloster umgewidmet, Giselher wurde Erzbischof von Magdeburg.

981
Aufhebung des
Bistums
Merseburg

981–1004
Giselher
Erzbischof von
Magdeburg

Der Besitz des Bistums Merseburgs wurde aufgeteilt auf Zeitz, Meißen, Magdeburg und Halberstadt: *die Zinsleute und alles, was Merseburg verpflichtet war, verteilte Giselher nach Gutdünken, um zu verhindern, daß es jemals wieder zusammengebracht werde.* (Thietmar III, 16) Dieser Frevel am hl. Laurentius konnte nicht ungestraft bleiben, und Thietmar stellte die folgenden Ereignisse in direkten Zusammenhang mit der Aufhebung Merseburgs: Die Niederlage Ottos II. in Italien 982, den Slawenaufstand von 983 und auch den frühen Tod Ottos II. im selben Jahr sah Thietmar als Strafe für die an Merseburg begangenen Sünden. Auch von Augen- und Ohrenzeugen wußte Thietmar, daß die Aufhebung der Merseburger Kirche dem toten König im Jenseits viel Ärger bereitete. Schließlich war es Laurentius selbst, der Schutzheilige des Bistums, der Theophanu, Gattin des toten Königs, erschienen war: *In der Stille der Mitternacht erschien ihr mit verstümmelten rechten Arm Laurentius, der hl. Streiter Christi, und sprach: Warum fragst du nicht, wer ich bin?; Herr, ich wage es nicht! entgegnete sie; er aber fuhr fort. Ich bin – und nannte seinen Namen. „Was du jetzt an mir bemerkst, das hat dein Herr getan, irregeleitet durch die Worte eines Mannes, dessen Schuld viele Auserwählte Christi entzweit."* (Thietmar IV, 10) So sah sich Theophanu vor die Aufgabe gestellt, ihrem Sohn Otto III. ans Herz zu legen, *für die ewige Ruhe der Seele seines Vaters beim Jüngsten Gericht zu sorgen durch Erneuerung des Bistums, schon bei*

Lebzeiten Giselhers oder nach dessen Tod. (Thietmar IV, 10)

Doch Theophanu gelang bis zu ihrem Tode (991), sollte sie es denn versucht haben, die Wiedereinrichtung Merseburgs nicht und Adelheid, die Großmutter Ottos III., sorgte im Gegenteil bei der Domweihe in Halberstadt 992 für die Festschreibung der Verhältnisse.

Die Besuche der Könige in der Pfalz ließen nach der Erhebung des Klosters zum Bistumssitz und dem Tode Ottos des Großen 973 nach. Ottos gleichnamiger Sohn war während seiner kurzen Regentschaft (973–983) nur einmal in Merseburg.

Otto III. (983–1002) hielt sich in Merseburg vor allem in der Zeit auf, in der er unter Vormundschaft seiner Mutter Theophanu und (nach 991) seiner Großmutter Adelheid stand, so daß hier wahrscheinlich die Anteilnahme der beiden Damen an Merseburg vorrangig war. Die Anwesenheit der kaiserlichen Damen spricht wohl auch für einen gewissen Komfort der Pfalz.

In der Zeit seiner selbständigen Regentschaft (994–1102) war Otto III. nur einmal in Merseburg und dies aus kriegerischen Gründen. Hier sammelte er 997 das Heer gegen die Luitizen. Allerdings zeigen sich unter Otto III. erste Versuche, das Merseburger Bistum wieder einzurichten, so daß man wohl von einem Interesse an Merseburg ausgehen kann.

1002–1024 Heinrich II. Diese Pläne wurden durch den frühen Tod Ottos III. 1002 vereitelt. Mit dem Herrschaftsantritt des letzten Ottonen, Heinrichs II., im Jahr 1002 erlebte Merseburg gleich von Beginn an glanzvolle Zeiten. Auf einem eigenen, sächsischen Hoftag ließ sich Heinrich II. am 25. Juli durch die Anwesenden in einer Nachwahl als

140

König bestätigen, nicht ohne den sächsischen Adligen vorher Zugeständnisse hinsichtlich ihre eigenen Rechte zu machen.

Die Bedeutung Merseburgs für Heinrich II. wurde durch die zwei Jahre später erfolgende Wiederherstellung des Bistums Merseburg verstärkt. Am 6. Februar 1004 ernannte Heinrich II. auf einem großen Hoftag in Merseburg seinen Kapellan, Wigbert, zum Bischof, den dann die Bischöfe Hilderich von Havelberg und Wigo von Brandenburg weihten. Wigbert hat während seiner fünfjährigen Amtszeit einiges zur Rückgewinnung ehemaliger Merseburger Besitzungen beigetragen, auch mit Schenkungen aus seinem eigenen Besitz. Ein vollständiger Rückerwerb der Güter gelang ihm jedoch nicht.

1004–1009
Wigbert
Bischof im
wieder
eingerichteten
Bistum
Merseburg

Die Probleme Merseburgs hinsichtlich der Rückerstattung der Besitzungen und Rechte blieben bestehen und auch der Nachfolger Wigberts, Thietmar, wurde unmittelbar einbezogen. Während der Verhandlungen, die Thietmar mit dem Magdeburger Erzbischof Tagino vor seiner Ernennung führte, fragte ihn Tagino als Vertreter des Königs, *ob ich meiner Kirche mit einem Teil meines Erbgutes helfen wolle. Ich entgegnete, darauf kann und will ich jetzt noch nichts Endgültiges antworten. Wenn sich durch Gottes Willen und des Königs Gabe euer mir stets liebevoll gewogener Plan verwirklicht, dann werde ich in Demut alles erfüllen, was ich in diesem Falle oder anderweitig zum Heile für meine Seele und in der Verpflichtung für das anvertraute Amt tun kann.* (Thietmar VI, 40) Mit dieser Antwort waren Erzbischof Tagino und auch Heinrich II. zufrieden. Thietmar wurde am 24. April 1009 zum Bischof von Merseburg ernannt und am 21. Mai in Merseburg eingesetzt. Die Vorbehalte, die Thietmar äußer-

Kultur-
historisches
Museum
Schloß
Merseburg

April–
September:
Di.–So.
10–18 Uhr

Oktober–
März:
Di.–So.
9–17 Uhr

Tel. (0 34 61)
40 13 18

te, kennzeichnen die offenen Vermögens- und ungeklärten Eigentumsfragen seines Bistums. Die ersten Jahre seiner Amtszeit ordnete und sortierte Thietmar alte Urkunden, ließ sich von Heinrich II. die Gesamtbestätigung alter Besitzrechte einräumen. Auf die Durchsetzung Merseburger Forderungen gegen Magdeburg wartete er bis zum Tode seines Gönners Tagino. Erst unter dessen Nachfolger Walthard 1012 begann Thietmar auch hier tätig zu werden. Thietmar war bis zu seinem Tode am 1. 12. 1018 damit befaßt, die alten Ansprüche Merseburgs wieder herzustellen. Es gelang ihm und seinen Nachfolgern nur bedingt. Thietmar legte den Grundstein für den Domneubau am 8. Mai 1015, dessen Weihe am 1. Oktober 1021 er aber nicht mehr erleben konnte.

▶

Das Westportal
zeigt Heinrich II.
als Stifter des
Merseburger
Doms

Merseburg erhielt unter Heinrich II. als Pfalzort und Bischofssitz eine besondere Bedeutung.
Heinrich II. feierte Ostern nicht mehr in Quedlinburg, wie es unter seinen Vorfahren Tradition
geworden war. Merseburg nahm jetzt den Rang
der „Osterpfalz" ein. Auch die von den Ottonen
gerade in Quedlinburg besonders intensiv ge-
pflegten *memoria*, das Gedenken an die Lebenden und Verstorbenen der Familie wurde unter
Heinrich II. in Merseburg konzentriert.

Ein bis heute sichtbarer Nachweis ist das Ge-
denkbuch (Nekrolog), das unter Thietmar von
Merseburg angelegt wurde und in der Dom-
stiftsbibliothek erhalten geblieben ist.

Während seiner Herrschaft hielt sich Heinrich II. mindestens 26mal in Merseburg auf, so
häufig wie in keiner anderen Pfalz. Von Merseburg begannen auch die Kriege gegen Polen, die
das Reich und vor allem Sachsen für mehr als ein
Jahrhundert belasteten.

Die große Bedeutung, die Merseburg besonders
in der Zeit des letzten Ottonen erhielt, blieb
auch weiterhin im mittelalterlichen Sachsen
präsent. Etwa 50 Jahre nach dem Tod Heinrichs II. geriet Merseburg in das Zentrum sächsischer Opposition gegen den salischen König
Heinrich IV. Der Merseburger Dom war damit
auch der geeignete Ort, um den Gegenkönig,
Rudolf von Rheinfelden, dort zu begraben
(† 1080). Die Grabplatte ist eines der bedeutendsten Kunstwerke der Zeit.

Noch zu Beginn des 13. Jahrhunderts gehörte
Merseburg zu dem im Sachsenspiegel erwähn-
ten sächsischen Pfalzen, an denen der König
Hoftage abhalten soll.

Von den Bauten aus ottonischer Zeit ist in Merseburg fast nichts erhalten geblieben.

**Dom
St. Johannes
und
St. Laurentius**

April–
September:
Mo.–Sa.
9–12 Uhr u.
13–18 Uhr
So., Feiertag
12–18 Uhr

Oktober:
Mo.–Sa.
9–12 Uhr u.
13–17 Uhr
So., Feiertag
12–17 Uhr

November–
Februar:
Mo.–Sa.
9–12 Uhr u.
13–16 Uhr
So., Feiertag
12–16 Uhr

März:
Mo.–Sa.
9–12 Uhr u.
13–17 Uhr
So., Feiertag
12–17 Uhr

Tel. (0 34 61)
21 00 45

143

exultatione concelebrant Cum
quibuf & nraf uocef ut admitti iu
beaf deprecamur · supplici confef
sione dicentef ·

Scs. Scs. Scs. dns ds sabaoth .
Pleni sunt caeli & terra gloria
tua · osanna Inexcelsif ·
Benedictuf qui uenit innomine
dni. osanna Inexcelsif ·

Sacerdof di reminisce
re thi etmar
e fra tur
pecca toji
& in dis
a i.
EM
IGI
TVR
CLEMEN

*In dem in der Zeit Thietmar von Merseburgs angelegten Nekrolog (Totenbuch)
steht in der sog. Te-Igitur-Initiale, dem mit einem verzierten Großbuchstaben ein-
geleiteten Beginn eines Gebets, die Bitte: Sacerdos dei, reminiscere thietmari cum
fratris tui peccatoris et indigni: Priester Gottes, gedenke deines sündhaften, unwür-
digen Mitbruders Thietmar. Man nimmt an, daß es sich hier um eine handschrift-
liche Notiz des Merseburger Bischofs handelt, Domstift Merseburg*

Der heutige Dom entstammt vor allem dem 13. bis 16. Jahrhundert, bewahrt aber in verschiedener Form das Andenken an Heinrich II. (Stifterbüste).

Zeitz

Zeitz gehörte zu den 968 neu errichteten Bistümern. Im Jahre 967 ist in Quellen erstmals in diesem Zusammenhang von Zeitz die Rede.
Die militärischen Erfolge des Markgrafen Gero hatten seit etwa 963 die Voraussetzung geschaffen; sorbische Stämme, etwa die Cusiú (um Cottbus), die Nisauer (bei Dresden) oder die Milzener (um Bautzen) waren unterworfen worden.
Der militärischen Eroberung folgte die Missionierung. Zunächst sollte das Bistum Merseburg für diese Aufgabe verantwortlich sein. Die Gebietszuwächse machten weitere Bistumsgründungen notwendig. Im Zuge der Errichtung des Erzbistums Magdeburg wurden 968 die Bistümer Zeitz und Meißen gegründet und Magdeburg unterstellt.
Nur 60 Jahre währte die Geschichte des Bistums Zeitz. 1028 wurde der Bischofssitz nach Naumburg verlegt. Die Überlieferung zur Geschichte des Bistums Zeitz in ottonischer Zeit ist auch deshalb gering.
Seit etwa 950 war im Gebiet um Zeitz Boso, Mönch aus St. Emmeram in Regensburg, als Missionar tätig. Die Emmeramer Mönche waren erfahrene Missionare. Ihre Regensburger Bischöfe hatten Kontakte nach Prag aufgebaut und zudem Texte für den Missionsgebrauch ins Slawische übersetzt. Auch Boso sei daran beteiligt gewesen, so Thietmar von Merseburg. Boso

hatte *zu bequemerer Unterweisung der ihm Anver-
trauten eine Anweisung in slawischer Sprache geschrieben und den Gesang des Kyrieeleison verlangt,
dessen Sinn er ihnen erläuterte. Doch die Heillosen
verdrehten es zum Spott in „wkrivolsa", das bedeutet in unserer Sprache „Die Erle steht im Busch".
Trotz seiner richtigen Erklärung behaupteten sie, so
habe Boso gesagt.* (Thietmar II, 37)

Bosos Mission bestand aus Wort und Tat. Er ließ
in der Nähe von Zeitz Wald roden und erbaute
an dem dann nach ihm benannten und heute
nicht mehr zu festzustellenden Ort *Buosenrod* eine steinerne Kirche. Dennoch, 968, als er sich
aussuchen konnte, ob er Bischof von Zeitz oder
Merseburg werden wollte, entschied er sich für
das friedlichere Merseburg.

Erster Bischof von Zeitz wurde Hugo I. (968–
979), ein Mönch, der wohl aus dem Kloster
Fulda stammte.

Zeitz besaß wie Brandenburg und Havelberg eine Burg, von der man annimmt, daß sie sich, wie
auch eine in den Quellen als königlich bezeichnete Kirche, auf dem heutigen Burgberg befunden haben soll. Aus der Amtszeit Hugos ist nur
bekannt, daß er fliehen mußte, als in den Aus-

Schloß
Moritzburg
mit Dom
St. Peter
und Paul

Sommer u.
Winter:
Di.–So.
10–17 Uhr
Mo.
geschlossen

Tel. (0 34 41)
21 40 40

einandersetzungen zwischen Otto II. (973–983)
und Heinrich dem Zänker († 995) ein Verbündeter des Zänkers, Dedi von Wettin, den Bischofssitz plünderte (976/977). Bischof Hugo
erhielt 976 die Bestätigung über die Ausstattung
seines Bistums, dies wohl anstelle einer fehlen-
den Gründungsurkunde. Hier werden unter anderem das oben genannte *Buosenrod* und die
Burg an den Bischof übertragen. Hugo starb im
Jahr 979.

Archäologische Ausgrabungen (1994–1998) im
Bereich des Doms und der Moritzburg, dem

146

◀

späteren Sitz der Naumburger Bischöfe, haben
Reste zweier Kirchen des 10. Jahrhunderts
nachweisen können, vielleicht die der königlichen Kirche, die seit 968 zu einem Dom ausgebaut wurde. In der Krypta des heutigen Domes
könnten einige Kapitelle aus dieser Zeit stammen, die Krypta selbst scheint in der ersten
Hälfte des 11. Jahrhunderts erbaut zu sein.

Unter Konrad II. (1024–1039) wurde 1028 der
Bischofssitz von Zeitz nach Naumburg verlegt.
Papst Johannes XIX. stimmte diesem Schritt zu
und erläuterte in der bestätigenden Urkunde die
Gründe: Die Verlegung sei deshalb durchzu-
führen, weil Naumburg ein befestigter Ort sei
und in einiger Entfernung von dem Feinde läge,
der es gewohnt sei, Zeitz auszuplündern.
Archäologisch haben sich in Zeitz tatsächlich
mehrere Brandschichten in der Nähe des Domes nachweisen lassen, die auf Zerstörungen in
der genannten Zeit deuten. Doch auch andere
Interessen sprachen für die Verlegung. In
Naumburg hatte die Familie des Markgrafen
von Meißen eine „neue Burg" bauen lassen, die
zum Mittelpunkt ihres Herrschaftsgebietes
werden sollte. Ekkehard I., Markgraf von Mei-

**1028
Verlegung des
Bischofssitzes
nach
Naumburg**

**Naumburg/
Dom
St. Peter und
Paul**

**April–
September:
Mo.–Sa.
9–18 Uhr
So., Feiertag
12–18 Uhr**

**März und
Oktober:
Mo.–Sa.
9–17 Uhr
So., Feiertag
12–17 Uhr**

**November–
Februar:
Mo.–Sa.
9–16 Uhr
So., Feiertag
12–16 Uhr**

►

*Markgraf
Ekkehard II.
und seine
Gemahlin Uta
sind wohl die
bekanntesten
Stifterfiguren im
Naumburger
Dom*

ßen (985–1002), erhob gegen Heinrich II. Anspruch auf die Nachfolge Ottos III. Nach der Ermordung Ekkehards I. 1002 übernahmen die Söhne Markgraf Ekkehard II. (1028–1046) und Hermann (1009–1031) nach Auseinandersetzungen mit Heinrich II. (1002–1024) das Erbe. Mit der Verlegung des Bischofssitzes von Zeitz in das von der Familie des Markgrafen von Meißen gegründete Naumburg, erhielt diese ein bedeutendes geistliches Zentrum.

Die Erinnerung an die Familie wird im Naumburger Dom durch die sogenannten Stifterfiguren (entstanden Mitte des 13. Jahrhunderts) bewahrt.

148

V. Zur Ehre Gottes und zum ewigen Gedenken – Klöster und Stifte in Sachsen

Mit der Gründung des Bistums Halberstadt zu Beginn des 9. Jahrhunderts begann die christliche Missionierung des östlichen Sachsen. Pfarrkirchen wurden errichtet, Kloster- bzw. Stiftsgründungen folgten, die von bekehrten sächsischen Adelsfamilien initiiert wurden. Vor 840 gründete Gisela, die Tochter des Grafen Hessi, das erste Frauenkloster auf dem Gebiet des heutigen Sachsen-Anhalt, in Wendhausen/Thale. Weitere Gründungen folgten nach dem Herrschaftsbeginn der Ottonen (919). In Verbindung zum Missionskloster St. Vitus in Corvey/Höxter wurde etwa das Kloster Gröningen gegründet. Maßstäbe setzte die ottonische Familie selbst mit der Gründung von Klöstern und Stiften in ihren Pfalzen oder Königshöfen. Beginnend mit St. Servatius in Quedlinburg und dem Mauritiuskloster in Magdeburg durch Otto I. wurden in der Folge etwa in Nordhausen, Pöhlde, Walbeck (Hettstedt) und in Memleben weitere Stifte und Klöster gegründet. Und natürlich beteiligte sich auch der Bischof von Halberstadt, dessen Bistum sich, bis zur Errichtung des Erzbistums Magdeburg, fast auf das gesamte Gebiet Ostsachsens ausdehnte, an der Gründung von Klöstern (Hadmersleben 961). Mitte des 10. Jahrhunderts folgten mehrere Niederlassungen, die von Adligen gefördert wurden. So gründete Markgraf Gero zunächst Frose (Aschersleben), dann Gernrode.

Insgesamt lassen sich für die Zeit der Ottonen 21 Kloster- und Stiftsgründungen nachweisen, die sich vor allem im Harzumland konzentrierten, so daß man hier geradezu von einer „Klosterlandschaft" (Horst Fuhrmann) gesprochen hat. Für die Wahl dieser Region hat wohl auch eine gewisse Entfernung zum Grenzgebiet der Slawen gesprochen. Denn solange Angriffe zu erwarten waren, war die Gegend an der Elbe zu gefährlich. Während des Slawenaufstandes von 983 wurde das Nonnenkloster in Kalbe/Milde zerstört, 997 brannten Slawen das Kloster Hillersleben (bei Wolmirstedt) nieder und verschleppten die Nonnen.

Auffällig ist die große Zahl von Frauenklöstern und -stiften unter diesen Gründungen (14). Motive für die Grundlegung solcher Stifte und Klöster sind vielfältig. Es galt, weibliche Mitglieder der Adelsfamilien angemessen zu versorgen und zugleich zentrale Orte des Gedenkens, des Gebetes für die Stifterfamilien, zu schaffen.
Aber auch die Konzentration von Herrschaftsrechten in den Familien und Verzicht auf Erbteilungen motivierten zu Kloster- und Stiftsgründungen. Dabei war es wichtig, dieses Kloster und den dazugehörenden Besitz in der eigenen Familie zu erhalten, sei es, daß sich die Gründer das Recht vorbehielten, die Äbtissin zu stellen oder sei es, daß die weltliche Aufsicht über das Kloster, die Vogtei, in der Familie bleiben sollte. Diente eine Klostergründung der Versorgung der letzten direkten überlebenden Frau der Familie, wie etwa in Gernrode, so bemühten sich die Gründer, das Kloster direkt dem König, als weltlichen Herrn, und dem Papst, als geistlichen Herrn, zu unterstellen, das Kloster also möglichen verwandtschaftlichen Ansprüchen und regionalen Interessen zu ent-

ziehen. Mit einem solchen königlichen oder päpstlichen Schutzprivileg war auch eine bedeutende Aufwertung des Klosters und der Äbtissin verbunden.

Frauenklöster und -stifte waren nicht nur Zentren des Gebets und Vorsorgungseinrichtungen für adlige Töchter. Sie bildeten neben den Bischofssitzen die Orte, in denen Kulturtechniken wie Lesen (Latein) und Schreiben vermittelt wurden, in denen Handschriften entweder selbst angefertigt oder in Auftrag gegeben wurden, wie etwa in Gandersheim, Quedlinburg und Gernrode.

Kloster/Stift

Frauenklöster im Mittelalter galten und gelten bis heute als Möglichkeit eigenständiger weiblicher Existenz. Die Hierarchisierung der mittelalterlichen Gesellschaft in verschiedene *ordines*, in Stände, bot dafür die ideelle Grundlage. Die Trennung von Laien und Klerus, und die besondere Wertschätzung des jungfräulichen und zölibatären Lebens der Kleriker ist eines der wichtigsten Elemente mittelalterlich geistlicher Vorstellungen. Das galt unbedingt auch für Frauen. Vor diesem Hintergrund entstand ein Frauenbild, das ausgerichtet war auf die Beziehungen der Frauen zu Männern. Jungfrau, Ehefrau und Witwe waren Lebensperspektiven für Frauen: Perspektiven, die in verschiedenen Zeiten unterschiedlich gewichtet und gewertet wurden. Eine besondere Bedeutung und Wertschätzung kam dabei dem Stand der *virginitas*, der Jungfräulichkeit, zu. Seit dem 9. Jahrhundert setzten sich vor allem zwei Möglichkeiten durch, diese Lebensform zu gestalten: das Leben in einem Kloster oder in einem Stift.

Die Entscheidung für ein Kloster bedeutete, abgeschieden von der Welt, in Klausur (*claustrum*), zu leben. Die im Kloster lebenden Nonnen verpflichten sich durch Gelübde zu lebenslanger Armut, Keuschheit und Gehorsam. Das Klosterleben besteht aus Gottesdienst, Gebet. Dies ist auch wichtiger Bestandteil des Lebens in einem Stift. Im Unterschied zu den Nonnen im Kloster legten die Stiftsdamen, Kanonissen, oftmals keine Gelübde ab. Kanonissen konnten das Stift verlassen und heiraten. Sie hatten in verschiedener Hinsicht die Möglichkeit, über ihr Vermögen weiter zu verfügen. Dieser Unterschied machte ein Stift für Frauen aus dem Adel bzw. für ihre Familien attraktiv. Bei einem anstehenden Heiratsprojekt, Töchter waren politisches Machtmittel, sie konnten nutzbringend verheiratet werden, war der Zugriff auf die Töchter erreichbar.

Mit der Entscheidung für diese „Sonderwelt" – Kloster/Stift – konnte sich eine (adlige) Frau dem weltlichen Leben entziehen, der Lebensform der Ehe eine Alternative entgegensetzen. Hier war es möglich, im Rahmen einer vorgegebenen Ordnung ein Leben zu führen, das zumeist adligen Frauen weitere Perspektiven eröffnete, in gewisser Weise politische Karriere zu machen. Hinzuweisen ist in diesem Zusammenhang auch auf die Bildungsmöglichkeiten für Frauen in den Klöstern.

Quedlinburg: *sedis regalis* – königliche Stätte der Ottonen

Eine zentrale Stelle in der Geschichte der Ottonen nimmt Quedlinburg ein. Unter Heinrich I. wird die Quedlinburg, auf dem heutigen Schloßberg, 922 erstmals erwähnt. Deren weitere Geschicke wurden schon von den Zeitgenossen unmittelbar mit dem Königtum der Ottonen verbunden. Neben der Quedlinburg gab es hier zudem Hersfelder Besitz. Wie einem nach 936 im Kloster Hersfeld verfaßten Bericht zu entnehmen ist, besaß dieses Kloster in der Nähe des heutigen Schloßbergs eine Pfarrkirche mit Reliquien ihres Klosterpatrons Wigbert (Wipert).

922
erste
Erwähung
Quedlinburgs

Wipertikirche

Mai–Oktober:
Mo.–Sa.
10–17 Uhr
So. 11–17 Uhr

November–
April:
Führungen
täglich nach
telefonischer
Voranmeldung

Tel. (0 39 46)
91 50 82

◄

*Die Wiperti
Krypta wird
auf die Zeit um
1000 datiert*

Es ist anzunehmen, daß diese in Besitz der Ottonen kam, in der Zeit, zu der Otto der Erlauchte, Vater Heinrichs I., Laienabt des Klosters Hersfeld gewesen war (vor 912). 961/964 wurde an der Wipertikirche ein Kanonikerstift gegründet. Der Königshof wird wohl spätestens seit dieser Zeit auch als Pfalz genutzt worden sein.

Zur Zeit Heinrichs I. (919–936) werden die repräsentativen Gebäude der Pfalz wie auch eine Pfalzkapelle wohl noch auf der Quedlinburg gelegen haben. Thietmar von Merseburg berichtet, Heinrich habe die Quedlinburg von Grund auf errichten lassen, womit wohl eine Befestigung der Anlage, vielleicht sogar im Rahmen seiner Burgenbauordnung, gemeint sein könnte. 922 hielt sich Heinrich I. erstmals nachweislich in Quedlinburg zur Feier des höchsten christlichen Festes, Ostern, auf, was er 923 und 931 wiederholte. So fanden von den überhaupt nur vier nachweisbaren Aufenthalten Heinrichs I. in Quedlinburg drei zu Ostern statt. Die Gründe, aus denen Heinrich I. und seine Familie dieses Fest gerade in Quedlinburg feierten, sind hingegen nicht überliefert.

Quedlinburg wurde unter Heinrich I. Schauplatz eines Hoftages, dessen Ereignisse für die Familie der Ottonen, aber auch darüber hinaus, weitreichende Konsequenzen hatten.

Während dieses Hoftages übertrug Heinrich I. am 16. September 929 seiner Gemahlin, Köni-

gin Mathilde, ihre Witwengüter: Quedlinburg, Nordhausen, Pöhlde, Duderstadt und Grone. Diese Güterübertragung war ein Bestandteil der sogenannten „Hausordnung" Heinrichs I. In diesen Zusammenhang gehörten ferner die Ernennung seines ältesten Sohnes Otto zum Nachfolger, die wohl auch in Quedlinburg etwa zu dieser Zeit stattfindende Hochzeit Ottos mit der angelsächsischen Prinzessin Edgith und die Bestimmung des jüngsten Sohnes Brun für die geistliche Laufbahn.

929
Mathilde erhält Quedlinburg

Mit diesen Entscheidungen war der Weg bereitet, die Königsherrschaft nicht nur einer Familie, sondern einem Sohn und dessen Nachfolgern zu sichern, somit die Grundlage für die Herrschaft der Ottonen zu legen. Ein Anspruch, der zunächst in der Familie selbst, zwischen Otto I. und seiner Mutter Mathilde, für heftigen Unfrieden sorgte, da diese Hausordnung den von Mathilde besonders geschätzten Sohn Heinrich überging.

Den entscheidenden Anstoß für die weitere Entwicklung Quedlinburgs gab die 936 erfolgte Gründung eines hochadligen Damenstiftes.

936
Gründung des Stiftes

Erste Pläne für eine Stiftsgründung könnten noch von Heinrich I. selbst und seiner Gemahlin Mathilde getroffen worden sein. Berichtet wird in der „Lebensbeschreibung der Königin Mathilde" (*Vita Mathildis reginae antiquior*) von einer Beratung zwischen Heinrich, Mathilde und sächsischen Adligen. In dieser Beratung hätten die sächsischen Adligen vorgeschlagen, das schon bestehende Damenstift in Wendhausen (Thale) nach Quedlinburg zu verlegen, da in Wendhausen die Töchter des Adels nicht mehr standesgemäß untergebracht werden könnten.

► **Wendhausen/ Thale**

Von dem ältesten Kloster Sachsen- Anhalts in Wendhausen ist nichts mehr erhalten. Lange Zeit hielt man diesen Turm für den Westturm der Klosterkirche. Wahrscheinlich handelt es sich um einen Wohnturm aus dem 10. Jahrhundert, der zu einer Burg gehörte

Nachweisbar ist, daß die Verlegung des Wendhäuser Konvents von Heinrich und Mathilde tatsächlich beabsichtigt war. So hatte die Wendhäuser Äbtissin Dietmot auf dem letzten Hoftag Heinrichs I. im Frühsommer 936 in Erfurt zu erscheinen, um dort ihr Einverständnis zur Verlegung ihres Konvents zu geben. Heinrich I. starb allerdings kurz darauf am 2. Juli in Memleben und wurde in Quedlinburg begraben. Damit änderte sich hinsichtlich der Funktion des beabsichtigten Stiftes einiges. Jetzt war Quedlinburg Grablege des Herrschers und wurde damit Zentrum des Totengedenkens, der *memoria*. Dieser Aufgabe nahm sich die Königinwitwe selbst an.

Nun will ich allen Gläubigen zum heilsamen Vorbilde die von der ehrwürdigen Mathilde nach dem Tode ihres Herrn verrichteten ruhmreichen Taten kurz schildern. Die Schrift lehrt als heilige und heilbringende Meinung das Gebet für die Toten und die Wirksamkeit der Almosen für ihre Lossprechung. Wir lesen, daß sich die Fesseln eines Gefangenen, den seine Frau tot glaubte und für den sie durch ständige

156

Seelenmessen sorgte, so oft lösten, wie sie für ihn Gott Vater genehme Opfer darbrachte; das bestätigte er ihr später nach seiner Heimkehr in Freiheit selbst. Diesem Beispiel folgte Frau Mathilde, nachdem ihr Gemahl in die Fesseln zeitlichen Todes geschlagen war, indem sie nicht nur den Armen, sondern auch den Vögeln Nahrung gab. Auch stiftete sie am 30. Tage in jener Burg ein Nonnenkloster, verlieh ihm mit Zustimmung ihrer Söhne an ihrem Eigengut, was es für Unterhalt und Kleidung benötigte, und erteilte eine urkundliche Bestätigung. (Thietmar I, 20)

Die Äbtissin Dietmot von Wendhausen zog bald darauf ihr Einverständnis zurück. Vielleicht war ihr deutlich geworden, daß sie unter den geänderten Voraussetzungen in dem neuzugründenden Stift nicht mehr Äbtissin sein würde. Möglich ist, daß vielleicht einige Nonnen aus Wendhausen in das neue Stift gekommen sind. Das Kloster Wendhausen selbst blieb bestehen und Dietmot Äbtissin. Allerdings verlor der Konvent mit der Gründung des Stiftes Quedlinburg seine Selbständigkeit, es wurde Quedlinburg unterstellt.

Als Otto I. auf seiner Rückkehr von der Königskrönung in Aachen Mitte September nach Quedlinburg kam, bestätigte er am 13. September 936 in einer Urkunde die wohl in der Zwischenzeit durch Mathilde vorgenommene Gründung des adligen Damenstiftes. Königin Mathildes Anteil an der Gründung wurde von ihrem Sohn mit keiner Silbe erwähnt, ein Beleg für die Spannungen in der Familie unmittelbar nach dem Herrschaftsantritt Ottos des Großen. Der König übertrug dem Stift die Burganlage mit allen Gebäuden, eine dort bestehende Kirche und weitere umfangreiche Güter und Einkünfte. *Solange einer aus meinem Geschlecht mit starker Hand den Königsthron in Franken und Sachsen innehat, soll das Kloster seiner Herrschaft unterstehen [...]; sollte aber ein anderer vom Volk zum König gewählt werden, dann soll er seine königliche Gewalt wahrnehmen, wie gegenüber den anderen Konventen. Doch der Mächtigste aus unserer Sippe soll Vogt sein*, so die Bestimmungen Ottos des Großen in dieser Urkunde.

Mathilde übernahm die Leitung des Stiftes, auch wenn sie nicht als Äbtissin bezeichnet wurde und sorgte bald für den Ausbau der schon unter Heinrich I. vorhandenen Kirche auf dem Schloßberg. Diese stand recht schnell unter dem Schutz des hl. Servatius.

▼
Servatiusreliquiar, sog. Reliquienkasten Ottos I., (Rom 1. Jahrhundert, Dionysoskopf, Westfränkisches Reich um 870, Elfenbeinrelief), Niedersachsen (Quedlinburg) um 1200 (Kötzsche, 1993). Das Servatiusreliquiar gehört zu den ältesten und kostbarsten Gegenständen des Quedlinburger Schatzes. Es wird angenommen, daß es von Heinrich II. an das Stift geschenkt wurde (vielleicht anläßlich der Weihe 1021). Sein heutiges Aussehen erhielt das Reliquienkästchen in der Zeit der Äbtissin Agnes (1184–1203), Domschatz Quedlinburg

Über das Leben im Stift in dieser Zeit gibt es wenige Nachrichten. Neben dem religiösen Leben der Kanonissen hat es wohl auch weltliche Vergnügungen gegeben, die nicht zuletzt der adligen Herkunft der in Quedlinburg unterrichteten und erzogenen Mädchen Rechnung trugen. So habe Königin Mathilde nach dem Tode des von ihr besonders geschätzten Sohnes Heinrich, 955, ihre weltliche Kleidung und den Goldschmuck abgelegt und weiter allen verboten, weltliche Lieder zu singen und Spiele aufzuführen – so hielt die ältere Lebensbeschreibung der Königin Mathilde fest.

In den folgenden Jahren wurde das Stift St. Servatius mit Gütern und Einkünften ausgestattet, die es zu einem der reichsten Stifte der Zeit werden ließen. Hinzu kam (947) das Schutzprivileg des Papstes, das das Stift dem Einflußbereich des Halberstädter Bischofs entzog.

Ausbau der Stiftskirche

Königin Mathilde selbst gründete um 950 das Benediktinerinnenkloster in Pöhlde und 961 ein Kanonissenstift in Nordhausen.

936 hatte Otto in der Bestätigungsurkunde für Quedlinburg festgehalten, daß die Vogtei in den Händen eines Mitglieds der Familie bleiben sollte, die Äbtissinnenwürde war selbstverständlich auch der Gründerfamilie vorbehalten. Als Nachfolgerin der Königin Mathilde wurde schon recht früh ihre gleichnamige Enkelin vorgesehen. Mathilde, einzige Tochter Ottos aus der Ehe mit Adelheid, wurde 955 geboren und wohl schon im folgenden Jahr unter die Obhut ihrer Großmutter nach Quedlinburg gebracht. Otto der Große übertrug in diesem Jahr zum

Unterhalt seiner Tochter dem Servatiusstift mehrere Güter und Einkünfte.

Vor dem Aufbruch Ottos und Adelheids 961 nach Rom zur Kaiserkrönung wurde der Sohn Otto II. zum Nachfolger gewählt und in Aachen gesalbt und gekrönt. Wohl spätestens in diesem Zusammenhang könnte Mathilde als zukünftige Äbtissin in Quedlinburg vorgesehen worden sein. Somit waren die einzigen noch lebenden Kinder des Königspaars abgesichert.

966–999
Mathilde,
Tochter Ottos
des Großen,
Äbtissin von
Quedlinburg

Nachdem die Königinwitwe Mathilde fünf Jahre später die Leitung des Stiftes niedergelegt hatte, wurde ihre Enkelin mit zwölf Jahren, in Anwesenheit des kaiserlichen Elternpaars, der Großmutter, des Bruders und aller Großen des Reiches im April 966 zur Äbtissin geweiht. Eine der letzten Handlungen der fast 73jährigen Königin Mathilde war die Sorge um die Weiterführung der ottonischen Memoria. Sie übergab ihrer Enkelin einen Kalender, in dem die Namen und Todestage der eigenen Vorfahren, sächsischer Adliger und all derer aufgeführt waren, die sie immer in ihre Gebete eingeschlossen hatte. Königin Mathilde starb am 14./15. März 968 und wurde an der Seite Heinrichs I. begraben.

Im Jahr der Weihe Mathildes begann Widukind von Corvey mit einer Überarbeitung seiner Sachsengeschichte, die er d*er Herrin Mathilde, die durch jungfräuliche Blüte, kaiserliche Hoheit und einzigartige Weisheit glänzt, widmete, auf das Du bei der Lektüre Deinen Geist erfreust, die Sorgen verscheuchst und Dich angenehm zerstreust.* (Widukind I, Vorrede)

Lesen und Schreiben hatte Mathilde in Quedlinburg gelernt. Das Stift war Ausbildungsstätte

für Mädchen des Hochadels. Für Quedlinburg ist nachzuweisen, daß die hier untergebrachten Frauen und Mädchen ebenfalls eine gute Ausbildung erhalten haben. Und nicht nur sie: Von seiner Tante Emnild erhielt der spätere Chronist Thietmar von Merseburg die ersten Unterweisungen im Lesen und Schreiben.

In Quedlinburg entstand auch eine eigene Geschichtsschreibung. In den Quedlinburger Annalen (Jahresberichten) wurden wohl noch während der Regentschaft der Äbtissin Mathilde wichtige Ereignisse der Zeit festgehalten.

Äbtissin Mathilde führte das Erbe ihrer Großmutter fort. Sie legte die Grundlage für die Entwicklung des geistigen und kulturellen Lebens im Stift und vergrößerte auch den materiellen Besitz. Sie veranlaßte den Neubau der von der Großmutter erweiterten Kirche. Das Langhaus wurde 997 geweiht. 984 wird erstmals eine Kanonisse namens Harecha genannt, deren Aufgabe es war, sich um die Kostbarkeiten des Stiftes

▲

*Stiftskirche
St. Servatius
Quedlinburg,
Innenansicht*

**997
Weihe des
Langhauses**

zu kümmern: Reliquien und Gefäße für den
Gottesdienst.

Als Hausherrin war die Äbtissin auch verant-
wortlich für die Organisation und den Ablauf
des Osterfestes, des bedeutendsten kirchlichen
Festes, zu dem sich die königliche Familie immer wieder in Quedlinburg einfand.

Osterfeiern in Quedlinburg Schon Heinrich I. feierte Ostern vorzugsweise
in Quedlinburg. Damit wurde eine Tradition
begründet, die seine Nachfahren bis in das Jahr
1003 fortsetzten. Zu dieser politischen kam die
familiäre Bedeutung Quedlinburgs: als Grablege des ersten ottonischen Königs und Zentrum des ottonischen Gedenkens.
Unter Otto I. wurde Quedlinburg die nach
Magdeburg am häufigsten besuchte Pfalz. Mindestens 17 Aufenthalte lassen sich nachweisen.
Etwa seit 940 feierte Otto, wie schon seine El-
tern, Ostern in Quedlinburg. Mindestens fünf-
mal verbrachte die Familie Ottos des Großen
Ostern in Quedlinburg, und seit 948 ging dieser
die Feier des Palmsonntags in Magdeburg vor-
aus.
Ostern in Quedlinburg: hier zeigte der König
und Kaiser Präsenz. Die Gegenwart des Königs
bedeutete für die Adligen den sichtbaren Beweis
der Königsherrschaft. Daher verwundert es
nicht, daß gerade Osterfeiern in Quedlinburg
immer wieder Anlaß waren, die Herrschaft der
Nachfolger Ottos des Großen herauszufordern,
die symbolträchtige Bedeutung des Ortes zu
nutzen.
Begonnen hatte diese Art der Herausforderung
schon zu Lebzeiten Ottos des Großen: in den
Auseinandersetzungen mit Heinrich um die

Thronfolge. Heinrich hatte, so Widukind von Corvey und Thietmar von Merseburg, mit seinen sächsischen Verbündeten zu Ostern 941 in Quedlinburg ein Attentat auf Otto den Großen geplant mit dem Ziel, den König zu ermorden und selbst die Krone zu erhalten. Da aber Otto rechtzeitig von diesen Plänen erfuhr, konnte dies vereitelt werden. Die Verschwörer wurden gefaßt, einige, wie Erich, der Vater des späteren Halberstädter Bischofs Hildeward, wurden getötet, andere, wie der Bruder des Königs, Heinrich, oder Graf Liuthar (Lothar) von Walbeck († 964), Großvater Thietmars von Merseburg, wurden kurzzeitig inhaftiert.

Attentatsversuch auf Otto I.

Grabplatte Liuthars
Bei Grabungen wurde 1934 das Grab des Stifters an zentraler Stelle im Querhaus entdeckt. Der Grabstein befindet sich heute in der Dorfkirche in Walbeck/Alle.

St. Marien in Walbeck
Mein schon erwähnter Großvater Liuthar hatte sich nach seinem Vergehen gegen seinen Herrn und König ernstlich bemüht, seine Schuld wiedergutzumachen. Deshalb stiftete er in Walbeck zu Ehren der hl. Gottesmutter ein Kloster, zu dessen Propst er Willigis ernannte; für ihren Bedarf an

---

**Walbeck
St. Marien**
*(Ruine)
941/942 stiftete
Liuthar (Lothar),
Graf von Walbeck,
als Sühne wegen
seiner Beteiligung
an der
Verschwörung
gegen Otto I. das
Stift St. Marien.
Das im Laufe der
Jahrhunderte
baulich veränderte
Stift weist heute
noch Reste aus
ottonischer Zeit
auf*

**Walbeck
Dorfkirche
St. Michaelis**

Sommer u.
Winter:
keine
Öffnungszeiten,
nur nach
Voranmeldung
im Gemeinde-
büro u. in der
Heimatstube

Tel.
(03 90 61) 25 78

Nahrung und Kleidung schenkte er den Brüdern den zehnten Teil seines Erbguts. Als er gestorben war, wünschte seine Gemahlin Mathilde mit Zustimmung ihrer beiden Söhne, das Gelübde ihres lieben Eheherrn zu vollenden, und ließ nach dem Tode des hochwürdigen Vaters Willigis, den aus Ostfranken stammenden Reinbert folgen.
(Thietmar VI, 43)

In seinem letzten Lebensjahr, 973, wurde Quedlinburg unter Otto dem Großen zu Ostern wieder Schauplatz eines großen Hoftages mit internationalen Gästen. Berichtet wird von Gesandtschaften aus Griechenland, Ungarn, Dänemark, Bulgarien.

Die Aufenthalte in Quedlinburg ließen unter seinem Sohn deutlich nach. Otto II. hielt sich

164

während seiner zehnjährigen Regentschaft nur zweimal in Quedlinburg auf. Allerdings, und dies zeigt die Bedeutung Quedlinburgs als Osterpfalz, fanden die Besuche in Quedlinburg 974 und 978 zu Ostern statt. Fast drei Wochen war Otto II. 974 in Quedlinburg und feierte noch den Servatiustag am 13. Mai. Dies war zugleich der erste Aufenthalt als Nachfolger seines Vaters, und so demonstrierte auch Otto II. seine Königsherrschaft anläßlich einer Osterfeier zu Quedlinburg.

Die symbolische Bedeutung Quedlinburgs wurde von den Zeitgenossen sehr wohl erkannt. In den Auseinandersetzungen um die Nachfolge Ottos II. († 983) nutzte Heinrich der Zänker, Vetter der Äbtissin Mathilde, genau diese Bedeutung der zentralen Orte der Ottonen. So sammelte er zunächst in Magdeburg zu Palmsonntag 984 Verbündete um sich. *Von da begab sich Heinrich zur Feier des bevorstehenden österlichen Freudenfestes nach Quedlinburg. Hier kamen viele Große des Reiches zusammen; einige aber, die es vorzogen, nicht zu erscheinen, entsandten Beobachter, die sorgsam auf alles Acht haben sollten. Während dieses Festes wurde er von den Seinen öffentlich als König begrüßt und durch kirchliche Lobgesänge ausgezeichnet.* (Thietmar IV, 2) Heinrich mußte im folgenden allerdings einsehen, daß der Versuch, weitere Verbündete zu gewinnen, scheiterte und gab seinen Anspruch auf die Krone auf.

Äbtissin Mathilde hat sich zu dieser Zeit wohl in Italien aufgehalten, da anzunehmen ist, daß sie eine solche Osterfeier verhindert hätte. Zwei Jahre später, als die Thronfolge Ottos III. unangefochten war, wurde in Anwesenheit der Äbtissin Mathilde Quedlinburg Schauplatz einer

Osterfeier, deren feierlicher Rahmen an die Krönungsfeierlichkeiten 936 in Aachen erinnerte. Wie schon seinem Großvater Otto I. dienten dem sechsjährigen Enkel vier Herzöge: Heinrich von Bayern (der Zänker) als Truchseß, Konrad von Schwaben als Kämmerer, Heinrich von Kärnten als Mundschenk und Bernhard von Sachsen als Marschall. Der Ablauf dieser Feier könnte von Äbtissin Mathilde so in Szene gesetzt worden sein. Sie besaß schließlich die Vorlage für eine solche Feier in der ihr gewidmeten Fassung der Sachsengeschichte Widukinds von Corvey.

In der Folge setzte vor allem die Kaiserin Theophanu während ihrer vormundschaftlichen Regierung für den Sohn die ottonische Tradition in Quedlinburg fort. 989 und 991 wurden in Quedlinburg große Hoftage abgehalten. Mit dem Beginn seiner Mündigkeit 994 sind dann nur noch wenige Aufenthalte Ottos III. in Sachsen überhaupt festzuhalten. Und auch Quedlinburg war davon betroffen. Während seiner selbständigen Regentschaft besuchte Otto III. Quedlinburg noch zweimal, 995, und auf seinem Rückweg aus Gnesen im Jahr 1000.

Ließen die Besuche des Sohnes und des Enkels Ottos des Großen in Quedlinburg auch nach, die Bedeutung des Damenstiftes und das Ansehen der Äbtissin Mathilde litten nicht darunter.

▶ *Servatiusstab, Sogenannter Äbtissinnenstab Lothringen (?) Mitte 10. Jahrhundert (Kötzsche, 1993) Heinrich I. soll nach einem Bericht des 11. Jahrhundert Reliquien des hl. Servatius in Maastricht erbeten haben. Er erhielt die Bischofsinsignien, Stola und diesen Stab. In lokalgeschichtlicher Tradition wird er mit dem goldenen Stab identifiziert, den Äbtissin Adelheid (999–1045), nach Thietmar von Merseburg, von ihrem Bruder, Kaiser Otto III. (983–1002), erhalten haben soll.*

Die Gründung des Klosters Walbeck (Hett-stedt) ist neben Pöhlde und Nordhausen ein weiteres Beispiel für die Umwidmung von Witwengut in Stiftsgut. Der Königshof in Walbeck hatte zum Wittum der Kaiserin Adelheid gehört. Auf ihre Bitte übertrug Otto III. 992 dem Stift Quedlinburg den Königshof, damit dort ein Kloster errichtet würde. Der Königshof selbst konnte weiterhin durch die Könige genutzt werden.

Mathilde sorgte während ihrer Regentschaft für weitere Klostergründungen. 986 wurde St. Marien auf dem Münzenberg gegründet und am 7. Mai. 992, dem Todestag ihres Vaters Ottos des Großen, das Kloster St. Andreas in Walbeck bei Hettstedt geweiht. Bei beiden Gründungen handelte es sich um Benediktinerinnenklöster, die dem Quedlinburger Stift unterstanden. Das Leben der Nonnen in diesen Klöstern war sicherlich mehr auf Gebet und Gottesdienst ausgerichtet als das der hochadligen Kanonissen im St. Servatius-Stift.

Auch für den Beginn der städtischen Entwicklung Quedlinburgs trug Mathilde Sorge: 994 übertrug Otto III. auf Bitten seiner Großmutter Adelheid der Äbtissin Mathilde, seiner Tante, das Recht, in Quedlinburg einen Markt errichten zu lassen. Seine Tante hatte ihn dazu ermahnt, schließlich gab es schon Märkte in der Umgebung, so etwa in Harzgerode, vor allem aber in Halberstadt. Otto III. verbot weitere Marktgründungen im Gebiet zwischen Saale und Oker, von Unstrut/Helme bis zur Bode – eine ungewöhnlich frühe Form der Wirtschaftsförderung durch Ausschluß von Konkurrenz.

**994
Marktrecht in
Quedlinburg**

Mit all diesen erfolgreichen Tätigkeiten der Äbtissin Mathilde und der Bedeutung Quedlinburgs für die Ottonen ist verständlich, daß die Zeitgenossen Quedlinburg als Metropole bezeichneten, ein Titel, der eigentlich einem Erzbistum vorbehalten war.

Als dann 995 Adelheid, die Schwester Ottos III., als Kanonisse in Quedlinburg eingekleidet und als Nachfolgerin Mathildes ausgewählt wurde, sollte damit auch Kontinuität gewährleistet sein.

997
Mathilde wird
Stellvertreterin
ihres Bruders
Kaiser
Otto III.

Den Höhepunkt der Regentschaft der Äbtissin Mathilde bildete sicherlich das Jahr 997. In diesem Jahr übernahm sie während des Romzuges Ottos III. in Stellvertretung die Regierungsgeschäfte. Heftig diskutiert wird bis heute, ob sich diese Stellvertretung auf Sachsen konzentrierte oder für das gesamte Reich galt. Da bei den in der Folge von ihr abgehaltenen Hoftagen vor allem sächsische Adlige anwesend waren (998 in Derenburg, 998 in Magdeburg), scheint sich ihre Stellvertretung auf Sachsen konzentriert zu haben.

Mathilde starb am 7. Februar 999. Sie wurde an den Gräbern ihrer Großeltern Heinrich und Mathilde bestattet.

Dieser Todesfall erschütterte ihre Mutter, die Kaiserin Adelheid, aufs schmerzlichste, dem Kaiser sandte sie einen Boten mit der Todesnachricht und der Bitte, seine Schwester Adelheid zur Nachfolgerin zu bestellen. Der Caesar beweinte den Tod seiner Tante und erfüllte das fromme Verlangen: Er verlieh seiner lieben Schwester die Abtei, indem er ihr aus der Ferne den goldenen Stab überbringen ließ und ihre Weihe durch Bischof Arnulf anordnete. (Thietmar IV, 43)

Ottos Schwester Adelheid wurde 999 Nachfolgerin Mathildes. Auch während ihrer Regentschaft wurde zunächst die alte ottonische Tradition, Ostern in Quedlinburg zu feiern, fortgeführt. Unter den kostbaren Beständen des Quedlinburger Schatzes, der in der Stiftskirche aufbewahrt wird, hat sich bis heute eine Handschrift erhalten, die diese Tradition schriftlich festgehalten hat: das sogenannte Otto-Adelheid-Evangeliar.

◀

*Otto-Adelheid-
Evangeliar,
Buchdeckel,
Konstantinopel
2. Hälfte
10. Jahrhundert
(Elfenbeinrelief),
Niedersachsen
(Quedlinburg)
1220–1230
(Goldschmiede-
arbeit),
(Kötzsche, 1993),
Domschatz
Quedlinburg*

Diese Handschrift enthält u. a. liturgische Texte, die anläßlich der Weihe der Osterkerze am Karsamstag gesprochen wurden. Im Anschluß folgt ein Gebet, das Papst Silvester II. (999–1003), Otto III. und dessen Schwester Adelheid einschließt:

*Wir bitten Dich also, Herr, daß du uns, deine Die-
ner, die gesamte Geistlichkeit und das ergebenste Volk
zusammen mit deinem Diener, unserem Papst Silvester, und unserem ruhmreichsten Kaiser Otto und
deiner Dienerin, unserer Äbtissin Adelheid [...] an
diesem Osterfest zu bewahren geruhst.* (Otto-Adelheid-Evangeliar, fol. 4v; Übersetzung nach
Hartmut Hoffmann)

*Otto-Adelheid-
Evangeliar,
fol. 4v.,
Domschatz
Quedlinburg*

Da die Entstehungszeit der Handschrift in die Zeit um 1000 datiert wird, kann diese Handschrift anläßlich der Osterfeier des Jahres 1000, die Otto III. in Quedlinburg beging, benutzt worden sein.

Otto starb unerwartet zwei Jahre später. Da er keine Kinder hatte, wurde ein Nachfolger in der engeren Verwandtschaft der Ottonen gesucht. Es gab jedoch auch andere Kandidaten, die die Nachfolge Ottos antreten wollten, so etwa den Markgrafen Ekkehard I. von Meißen. In dieser Situation waren es die Schwestern des verstorbenen Königs, Äbtissin Adelheid von Quedlinburg wie auch ihre Schwester Sophia, die spätere Äbtissin von Gandersheim, die in Sachsen mit über die potentiellen Kandidaten berieten.

Heinrich, Herzog von Bayern und Urenkel Heinrichs I., schickte einen Vertreter zur Pfalz Werla, in der sich die Schwestern aufhielten, *dieser versprach allen großen Lohn, die seinem Herrn zum Throne verhelfen würden. Sogleich gab ihm die große Mehrzahl einmütig Bescheid: Heinrich solle mit Christi Hilfe nach Erbrecht König sein.* (Thietmar V, 49)

Ekkehard I. von Meißen kam später hinzu und beging dann einen protokollarischen Fehler, der ihm auch die letzte Chance auf den Thron rauben sollte.

Doch als man den Herrinnen [Adelheid und Sophia] am Abend im Palas die Sessel mit Teppichen geschmückt und die Tafel reich mit Speisen gerüstet hatte, da nahm plötzlich Ekkehard Platz und speiste dort mit Bischof Arnulf [von Halberstadt] und Herzog Bernhard [von Sachsen]. Die trauernden Schwestern und ihre Gäste waren entrüstet darüber; und so lebte der lange verheimlichte Haß gegen ihn wieder auf [...] (Thietmar V, 4)

171

Ekkehard wurde kurze Zeit darauf in Pöhlde ermordet, Heinrich II. wurde Nachfolger Ottos III.

1002–1024
Heinrich II.

Unter Heinrich II. sollte sich die Beziehung zwischen Königtum und Quedlinburg verändern. Zwar feierte auch Heinrich II. das erste Osterfest seiner Königsherrschaft (1003) dort, in der Tradition seiner Vorfahren, wie die Quedlinburger Annalen stolz berichteten. Dieses war jedoch das letzte Mal; in der Regierungszeit Heinrichs II. war Merseburg beliebtester Aufenthaltsort des Königs und dabei recht häufig Schauplatz der Osterfeierlichkeiten. Aber nicht nur dies bedeutete eine Veränderung für Quedlinburg. Der Ort war seit dem Tode Heinrichs I. untrennbar mit der *memoria*, dem Gedenken an die ottonische Familie, verbunden. Unter Heinrich II. wurde Merseburg ab etwa 1017 Zentrum des ottonischen Gedenkens. In Quedlinburg wurde selbstverständlich weiterhin der Mitglieder der ottonischen Familie gedacht, aber die königlichen Schenkungen für das Seelenheil, die Güter und Einkünfte, gingen an das Bistum Merseburg, um dort für die königliche *memoria* zu sorgen.

Stiftskirche St. Servatius

Mai–Oktober:
Di.–Fr.
10–18 Uhr
Sa. 10–16 Uhr
So., Feiertag
12–18 Uhr

November–
April:
Di.–Sa.
10–16 Uhr
So., Feiertag
12–16 Uhr

Tel.
(0 39 46) 35 52

Während seiner zweiundzwanzig Jahre währenden Herrschaft hielt sich Heinrich II. nur noch zweimal, 1017 und 1021, in Quedlinburg auf. Beide Aufenthalte hatten konkrete Gründe: Am 27.2.1017 wurde in seiner Anwesenheit der nach einem Blitzeinschlag notwendige Neubau der Klosterkirche St. Marien auf dem Münzenberg geweiht, ein Anlaß, für den Heinrich II. der Kirche ein Pfund Gold schenkte.
Auch sein letzter Aufenthalt diente einer Kirchenweihe. 1021 wurde der unter Äbtissin Mathilde begonnene Neubau der Stiftskirche

172

St. Servatius geweiht. Dieser Bau fiel 1070 einem Brand zum Opfer. Die 1129 geweihte neuerrichtete Kirche entspricht in wesentlichen der heutigen Stiftskirche.

1021
Weihe der
Stiftskirche
St. Servatius

Und so war das St. Servatius-Stift in Quedlinburg für Heinrich II. wohl nun mehr „nur" das hochadlige Damenstift, in dem auch seine Schwestern Beatrix († 1062) und Adelheid II. († 1095) noch als Äbtissinnen amtierten und dann die Reihe der ottonischen Äbtissinnen beendeten. Dennoch blieb die enge Verbindung zwischen Königtum und Quedlinburg auch unter den Königsgeschlechtern präsent, die den Ottonen folgten. Sie nutzten die symbolische Bedeutung Quedlinburgs und repräsentierten ihr Königtum ebenfalls an diesem Ort.

Äbtissin Adelheid überlebte Heinrich II. um mehr als zwanzig Jahre, sie starb am 14.1.1045. Auf ihrer Grabplatte, die wie die ihrer Nachfolgerinnen heute noch in der Stiftskirche zu besichtigen ist, wurde ein Vers des Psalms 144 eingefügt: *Ist doch der Mensch gleich wie ein Nichts: seine Zeit fährt dahin wie ein Schatten.*

St. Cyriakus Gernrode

937, im ersten Jahr nach seiner Königskrönung, traf Otto der Große wohl in Magdeburg einen wichtigen Entschluß. Er ordnete die Verhältnisse im Grenzgebiet von Elbe und Saale neu. Nicht mehr einzelne Grafen sollten für Sicherheit sorgen. Das Gebiet zwischen Unterer Elbe und Saale wurde in zwei Markgrafschaften eingeteilt. Otto übertrug diese neu eingerichteten Markgrafschaften an zwei Männer seines Vertrauens: die Markgrafschaft im Bereich der Unteren Elbe an Hermann Billung und die an mitt-

937
Gero wird
Markgraf

Kloster Gröningen/ Klosterkirche St. Cyriakus

Sommer:
Mo.–Fr.
9–12 Uhr u.
13.30–17 Uhr
Sa. ab 9.30 Uhr
So. nach
Gottesdienst
9–12 Uhr u.
13.30–17 Uhr

Winter:
Mo.–Fr.
9–12 Uhr u.
13.30–17 Uhr
Sa. ab 9.30 Uhr
So. ab
10–12 Uhr u.
13.30–17 Uhr

Tel.
(03 94 03) 47 24

lerer Elbe und Saale an Gero, der bis dahin als Graf in einem Gebiet um die Bode bekannt war. Mit der Ernennung der beiden Markgrafen überging Otto der Große Erbansprüche anderer Mitglieder der jeweiligen Familien, unter anderem auch die seines Sohnes Thankmar.

Eine enge Verbindung zwischen Otto und Markgraf Gero kann man voraussetzen. Sie resultierte aus der Nähe der Familie Geros, der Grafen von Merseburg, zur Königsfamilie: Geros Vater war Graf Thietmar, einer der engsten Vertrauten Heinrichs I., und sein Bruder Siegfried, ist wohl jener Siegfried, dem Otto I. für die Zeit seiner Krönung in Aachen den „Schutz" seines jüngeren Bruders Heinrich anvertraut hatte.

Kloster Gröningen

Nach dem plötzlichen Tod der Kinder gründeten Siegfried, der Bruder von Markgraf Gero, und seine Gemahlin des Kloster Gröningen. Sie ließen Benediktinermönche aus Corvey kommen und unterstellten die Gründung diesem Kloster. Die heute unvollständig erhaltene Klosterkirche stammt aus dem Anfang des 12. Jahrhunderts.

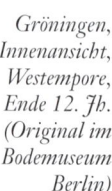

*Gröningen,
Innenansicht,
Westempore,
Ende 12. Jh.
(Original im
Bodemuseum
Berlin)*

Sie resultierte wohl auch aus der Anerkennung der „Leistungen" des Markgrafen.

Die Ernennung Geros zum Markgrafen über ein Gebiet, das etwa von Havelberg/Stendal im Norden bis nach Naumburg/Weißenfels im Süden reichte, erwies sich für Otto den Großen als gute Entscheidung. Gero begann recht bald, seine Herrschaft in der Markgrafschaft zu sichern. Dabei waren ihm alle Mittel recht. *„Die Slawen hörten nicht auf, mit Morden und Brennen das Land zu verwüsten, und trachteten danach, den Gero, den der König über sie gesetzt hatte, mit List zu töten. Er aber kam der List mit List zuvor und räumte ungefähr an die 30 Fürsten der Barbaren, die nach einem großen Gastmahl von Wein und Schlaf trunken waren, in einer Nacht aus dem Wege."* (Widukind II, 20)

▲
Gröningen, Außenansicht

Der Markgraf erhielt von Otto einige Dörfer und hörige Familien in der ihm unterstehenden Markgrafschaft und errichtete auf seinem Besitz eine befestigte Anlage (*urbem*), die seinen Namen bis heute trägt: Gernrode.

Die enge Verbundenheit zwischen Gero und Otto war sicherlich auch ein Beweggrund für den König, sich 941 als Taufpate für den Sohn Geros, Siegfried, zur Verfügung zu stellen.

950 unternahm Gero eine erste Reise nach Rom. Vielleicht war es dieses Erlebnis, das den kriegerischen Markgrafen so beeindruckte, daß er kurz nach seiner Rückkehr in Frose (bei Aschersleben) ein dem hl. Cyriakus geweihtes Kloster gründete.

950 Romreise Geros und Gründung des Klosters in Frose

Die Stiftskirche in Frose wurde zunächst als Mönchskloster gegründet, dann in einen Damenstift umgewandelt und Gernrode unterstellt. Der Kirchenbau stammt aus dem 12. Jahrhundert

Stiftskirche Frose

Sommer:
Mo.–Fr.
8–12 Uhr u.
14–18 Uhr
Sa. 9–17 Uhr
So. 10–16 Uhr

Winter:
Mo.–Fr.
8–12 Uhr u.
14–18 Uhr
Sa. 9–17 Uhr
So. 10–16 Uhr,
24.12. u. 31.12.
geschlossen

Tel. (03 47 41)
9 12 21

Für dieses wohl mit Benediktinermönchen besetzte Kloster erhielt er im Dezember 950 von Otto dem Großen eine Schenkung von Grundbesitz und hörigen Familien. Auch die Heirat des Sohnes Siegfried mit Hathui, einer Verwandten der Königin Mathilde, zeigt die engen Beziehungen der Familien.

Das gute Verhältnis zwischen Otto und Gero änderte sich in den folgenden Jahren. Markgraf Gero stellte sich in den Auseinandersetzungen zwischen Otto und dessen Sohn Liudolf auf die

176

Seite des letzteren: Eine Entscheidung, die ihm Otto nicht verzieh.

Ende der 950er Jahre trafen dann mehrere Todesfälle die Familie des Markgrafen. Zunächst starb ein gleichnamiger Sohn Gero (vor 959) und auch sein zweiter Sohn, Siegfried, war sterbenskrank. Denn nur so ist zu erklären, daß Vater und Sohn sich entschlossen, ihren gesamten Besitz zur Gründung eines Klosters zur Versorgung von Frau und Schwiegertochter zu verwenden.

961 stimmte Otto der Übertragung der gesamten Erbschaft an das in Gernrode zu gründende Kloster zu. Kurz danach starb Siegfried. Die Gründung scheint kurz nach seinem Tode von Markgraf Gero in die Tat umgesetzt worden zu sein, so daß er als der eigentliche Gründer in Erscheinung trat.

Ich, Gero, durch großzügige göttliche Gnade Markgraf, habe nach dem grausamen (acerbam) Tod meiner Söhne Siegfried und Gero ein Kloster für junge Frauen/Mädchen (puella) begründet, so beschreibt er den Anlaß für die Gründung. (CDA I, Nr. 36) Zu den Gründungsvorgängen in Gernrode gehörte, daß Gero das von ihm gegründete Kloster in Frose in ein Kanonissenstift umwandelte, das er Gernrode unterstellte. Zwei Jahre später unternahm Gero eine zweite Romfahrt, von der er Reliquien des hl. Cyriakus mitbrachte. *Auch Gero, der Schützer unseres Landes, ging schwer getroffen durch den Tod seines einzigen [!], edlen Sohnes Siegfried hinweg nach Rom; vor dem Altare des Apostelfürsten Petrus legte der greise Krieger seine siegreichen Waffen nieder und erhielt vom Papst einen Arm des hl. Cyriacus. [...] Nach seiner Rückkehr in die Heimat ließ er im Walde ein nach ihm benanntes Kloster errichten, als dessen Äbtissin er sei-*

nes Sohnes Witwe Hathui einsetzte, die schon früher den Schleier genommen hatte; Bischof Bernhard [von Halberstadt] weihte sie. So ordnete er alle seine Angelegenheiten, bevor er den Genannten am 20. Mai [965] in seligem Sterben voranging. (Thietmar II, 19)

Während dieser Romreise unterstellte der Markgraf mit Zustimmung Ottos I. seine Stiftung dem Schutz des Papstes Johannes XII. und entzog sie damit möglichen Ansprüchen des zuständigen Halberstädter Bischofs. Die Vogtei, also die weltliche Aufsicht über das Stift, hatte Gero für die Zeit nach seinem Tod der Königsfamilie übertragen. Damit war der Schutz vor eventuellen Ansprüchen der Verwandtschaft Geros gewährleistet.

▼

Stift Gernrode, Innenansicht

Mit dieser Gründung war nun die Zukunft der Schwiegertochter des Markgrafen und Witwe seines Sohnes gesichert.

Hathui war 13 Jahre jung, als sie den Sohn Markgraf Geros, Siegfried, heiratete. Verwandt mit Königin Mathilde, war sie vielleicht in Quedlinburg erzogen worden. Nachdem sie mit etwa 20 Jahren Witwe geworden war, leitete sie bis zu ihrem Tode 1014 das Stift Gernrode.

Hathui veranlaßte recht bald den Bau der Klosterkirche St. Cyriakus. Diese ist heute noch eine der wenigen erhaltenen Kirchenbauten aus ottonischer Zeit. 965 war man mit dem Bau schon soweit fortgeschritten, daß der in diesem Jahr verstorbene Schwiegervater Gero hier beigesetzt werden konnte.

Für Gernrode sind einige Angaben aus dem Leben der Kanonissen überliefert. Ausgerichtet wurde das Stift wohl schon zu Beginn für die Aufnahme von bis zu 24 Kanonissen. Sie waren der Äbtissin zu Gehorsam verpflichtet, hatten sonst aber keine Gelübde abzulegen. Die Äbtissin hingegen legte das Gelübde der Ehelosigkeit ab.

Auch sonst unterschied sich das Leben in einem Stift von dem in einem Kloster. Die Stiftsdamen besaßen eigene Wohnungen, durften weiße Kleider tragen, und waren nicht den strengen klösterlichen Speisevorschriften unterworfen; Fleisch und Käse standen auf dem Speiseplan. Zu diesem Stift gehörten neben den Kanonissen auch noch eine nicht bekannte Zahl von Kanonikern, deren Aufgabe die Durchführung der geistlichen Handlungen war.

Hathui nahm als Äbtissin von Gernrode, aber auch als Verwandte der königlichen Familie, an wichtigen Ereignissen teil. So war sie unter den Gästen anläßlich der Halberstädter Domweihe 992. Bei der Weihe Adelheids zur Nachfolgerin

der Quedlinburger Äbtissin Mathilde 999 war ◀
sie ebenfalls anwesend.

*Gernrode,
Außenansicht.
Das Stift
Gernrode gehört
zu den
architektonischen
Schätzen aus dem
10. Jahrhundert*

Auch königlicher Besuch kam nach Gernrode.
Für die Zeit seines Italienzuges im Jahr 1004 ge-
stattete es Heinrich II. seiner Gemahlin Kunigunde, sich von Augsburg nach Sachsen zu be-
geben und vertraute sie für die Reise dem Schutz
des Magdeburger Erzbischofs Tagino an. Thietmar von Merseburg war ebenfalls anwesend und
begleitete die Königin nach Sachsen. *Wir zogen
nach Gernrode und haben dort mit der ehrwürdig-
sten Äbtissin Hathui feierlich den Palmsonntag be-
gangen. Am Mittwoch traf die Königin in Magdeburg ein, wo sie die Auferstehung des Herrn feierte.*
(Thietmar VI, 3)

Hathui ließ eine lateinische Lebensbeschreibung des hl. Cyriakus verfassen und darin alles
zusammentragen, was man über den Heiligen
wußte.
Der nur namentlich bekannte Autor Nadda
schmückte die wenigen bekannten Daten aus
und schuf so eine Lebensbeschreibung, die den
hl. Cyriakus als tapferen Krieger zeigte.

Gernroder Psalmenkommentar
Unter dem Namen Gernroder Psalmenkommentar sind Teile eines Textes in altsächsi-
scher Sprache überliefert worden, der vor der
Gründung Gernrodes, vielleicht in Halberstadt oder im Kloster Werden/Ruhr, entstanden ist.
Psalm 5, V. 9
*Domine, deduc me: Uuola thu, drohtin, uth ledi
mik an thinemo rehte thuru mina fianda endi gereko minan uueg an thinero gesihti. Uuola thu,
drohtin, gereko min lif tuote thineru hederun ge-*

181

**Gernrode
Stiftskirche
St. Cyriakus**

April–
Oktober:
Mo.–Sa.
9–17 Uhr
So., Feiertag
nach Gottes-
diensten

November–
März:
Di.–Sa.
10–16 Uhr
So. nach
Gottesdiensten
Mo.
geschlossen

Tel.
(03 94 85) 2 75

sihti thuru thin emnista reht to te then euuigon mendislon thuru mina fianda endi thia heretike-re endi thia hethinun. That is min te duonne, that ik mina futoi sette an thinan uueg, endi that is thin te duonne, that thu minan gang girekos an thinan uueg.

„Herr führe mich …“: *Wohlan Herr, führe mich in deiner Gerechtigkeit durch meine Feinde und geleite [mich] auf meinem Weg unter deinem An-blick! Wohlan, Herr, geleite mein Leben unter deinem unbestechlichen Blick mit deiner höchsten Gerechtigkeit an meinen Feinden, an den Häre-tikern und an den Heiden vorbei zu den ewigen Freuden! Mein Teil ist es, daß ich meinen Fuß auf deinen Weg setze, und dein Teil ist es, daß du mich auf deinen Weg lenkst.*

(aus: Horst Dieter Schlosser (Hg.), Althoch-deutsche Literatur. Eine Textauswahl mit Übertragungen, Berlin 1998; Handschrift in Dessau, gilt als verschollen)

Hathui starb am 4. Juli 1014. *55 Jahre lang hatte sie ihr Amt standhaft im Dienste Christi inne [...] und sie schmückte die ihr anvertraute Kirche mit vielerlei Zierat. Ihren Tod kündigten folgende Zei-chen an: Der Teich an der Ostseite Gernrodes sah bis Mittag blutig aus und wandelte sich dann in grün. [...] Bestattet wurde diese treffliche Braut Christi durch Bischof Bernhard von Oldenburg, nicht am erbeteten Ort, sondern wo es ihr trauernder Kon-vent wünschte, mitten in der Kirche vor dem Heili-genkreuzaltare: hier gab später um ihrer edlen Ver-dienste willen der allmächtige Gott einem kranken Manne, der lange auf Krücken gegangen war, leich-ten Gang wieder.* (Thietmar VII, 3)

Nachfolgerin Hathuis wurde Adelheid, Äbtissin von Quedlinburg, Tochter der Kaiserin Theophanu. Trotz einiger baulicher Veränderungen des 12. Jahrhunderts (Westbau) ist St. Cyriakus eine der besterhaltensten Bauten aus ottonischer Zeit (Krypta, Langhaus). Das um 1100 geschaffene „Heilige Grab" in der Kirche gilt mit seinen Skulpturen zu den herausragenden Kunstwerken der deutschen Romanik. Hinzuweisen ist auf ein Tafelbild aus dem frühen 16. Jahrhundert, das den Markgrafen Gero in der Kleidung des 10. Jahrhundert zeigt. Es ist anzunehmen, daß hier die alte Grabplatte Vorbild gewesen ist. Das Hochgrab des Markgrafen stammt aus dem Jahre 1519.

St. Vitus Drübeck

Eine erste erhaltene Urkunde berichtet zum Jahre 877 vom Kloster Drübeck. Die Grafen Theti und Wikker, so wird in der Urkunde erläutert, hatten dem ostfränkischen König Ludwig dem Jüngeren († 882) das Kloster in Drübeck übertragen. Dieses Kloster habe ihre Schwester, die Gräfin Adelbrin, die als erste dieses Geschlechts zu Gott bekehrt worden sei, zur Ehre Mariens, des heiligen Johannes des Täufers und der heiligen Märtyrer Vitus, Chrispinianus und Chrispin gegründet und sei dort auch die erste Dienerin Gottes gewesen.

König Ludwig nahm mit dieser Urkunde das Kloster in seinen besonderen Schutz und hielt folgendes fest. Solange es aus der Familie der Stifter eine Frau gebe, der ein religiöses Leben, das Lehren der heiligen Schriften wie auch der klösterlichen Sitten anvertraut werden könne, solange sollte dieses Geschlecht die Äbtissin

Adelbrin-Grabstein

stellen. Wenn dieses nicht (mehr) der Fall sein sollte, dann, so König Ludwig, hätten die Nonnen das Recht, aus ihren Reihen eine Äbtissin frei zu wählen.

Eine Urkunde, die wichtige Privilegien gewährte: Königsschutz und freie Wahl der Äbtissin, eine Urkunde, die, wie sich erst Jahrhunderte später feststellen ließ, gefälscht ist, entstanden etwa im 11. Jahrhundert, als es um eben die Fragen ging: Wem war das Kloster unterstellt und wer wählte die Äbtissin?

In einer echten Urkunde wird das Kloster Drübeck erstmals 960 genannt. Während eines Aufenthaltes in Magdeburg übertrug Otto I. auf Bitten seiner Gemahlin Adelheid der in Drü-

◀

Kloster Drübeck,
Außenansicht

beck lebenden Nonne Gerbirg Anteile an Gütern, die ihrem Bruder Diotmar gehört hatten.
Gerbirg sollte die Einkünfte aus diesen Gütern
Zeit ihres Lebens nutzen können. Danach gingen diese Einkünfte in das Eigentum des Klosters zum gemeinsamen Nutzen für alle Schwestern.

Nur wenig ist über die weitere Geschichte Drü-
becks unter den Ottonen bekannt. Das Kloster
wurde von Otto II. 980 in königlichen Schutz
genommen, die Nonnen erhielten das Recht,
ihre Äbtissin frei zu wählen. Dieses Recht wurde 995 von Otto III. und 1004 von Heinrich II.
erneuert.

Thietmar von Merseburg berichtet von einer
Klausnerin in Drübeck namens Sisu:

Drübeck
Klosterkirche

Sommer:
Di.–Fr.
11–16 Uhr
Sa. u. So.
10–16 Uhr

Winter:
Di.–Fr.
11–16 Uhr
Sa. u. So .
10–16 Uhr
(oder nach
Voranmeldung
Tel. 03 94 52/
9 43 00)

Übernachtung
ist möglich

Zur Zeit Heinrichs II. lebte in Drübeck die Einsiedlerin Sisu, eine sehr fromme und und mir deshalb außerordentlich teure Frau. Als sie in den Tagen des größten Otto [Otto I.] herangewachsen war und einem Manne verlobt werden sollte, flüchtete sie sich eilends zu Christus, den sie zum besonderen Zeichen für ihren Glauben mehr als alles andere ihrem Herzen eingeprägt hatte. 64 Jahre lang versuchte sie sich nun in der Einsamkeit bei dem genannten Orte ihrem himmlischen Bräutigam als reine Jungfrau dazubringen. Niemals in dieser ganzen Zeit milderte sie die harte Kälte durch ein Feuer; sie wärmte sich allerhöchstens dadurch, daß sie ihre fast erfrorenen Hände und Füße an einem Wärmstein wieder zu beleben suchte. Das Innere ihrer Zelle zierte sie durch ständig vom Weinen unterbrochene Gebete, draußen aber half sie vielfach dem herbeiströmenden Volke durch immer neue Belehrung und Trost in seinen Nöten. Das dauernd an ihr zehrende Ungeziefer schüttelte sie nicht ab; fiel es herunter, so nahm sie es vielmehr wieder auf. Allen Gaben, die sie ständig von den Leuten empfing, entzog sie sich und suchte durch freigiebige Geschenke an die Armen Christi die Sünden der Geber zu sühnen. (Thietmar VIII, 8)

Von dem ersten Bau selbst sind keine Reste erhalten. 1004 wird von einem Kloster, in heutiger Zeit *(in moderno tempore)* gebaut, gesprochen. 1058 wurde das Kloster Drübeck dem Bischof von Halberstadt unterstellt. Etwa zu dieser Zeit wird auch die auf 877 datierte (gefälschte) Urkunde angefertigt worden sein. Um 1100 wurde die Kirche umgebaut. Erhalten hat sich in Drübeck eine Grabplatte, auf der die angebliche Stifterin des Klosters, Adelbrin, zu sehen ist.

Stammtafel Ottonen

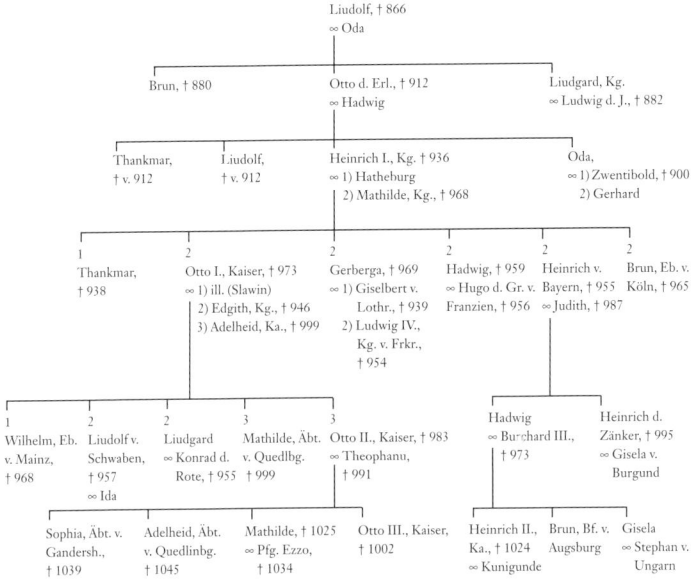

Quelle: Gerd Althoff, Die Ottonen, Stuttgart 2000.

Routenvorschläge

Die vorgeschlagenen Routen orientieren sich an dem thematischen Aufbau des Buches. Eine genaue Trennung der Orte ist dabei oft nicht möglich, bei Überschneidungen ist der jeweilige Ort nur in einer Route näher beschrieben, in den anderen Routen wird auf den entsprechenden Eintrag verwiesen. Es ist natürlich auch möglich, sich nach geographischen Gesichtspunkten eigene Routen zusammenzustellen.

Die Pfalzroute (Tilleda – Quedlinburg – Allstedt – Memleben – Querfurt – Merseburg – Magdeburg)

Tilleda
Das **Freilichtmuseum Königspfalz Tilleda**, am Fuße des Kyffhäusers gelegen, vermittelt den Besuchern eine Vorstellung vom Aussehen und den Ausmaßen einer mittelalterlichen Pfalzanlage. So kann man in den ausgegrabenen Fun-

damenten einzelne Funktionen erkennen: u. a. eine *Heiß-luft-Fußbodenheizung* und *Kochöfen*. Von 1983–1990 wurden das *Kammertor*, eine *Tuchmacherei* mit drei Senkrechtweb-stühlen sowie *Wach- und Grubenhäuser* rekonstruiert, die besichtigt werden können.

ANREISE: über die B 85 von Nordhausen, Abfahrt Kelbra nach Tilleda; über die B 80 von Sangerhausen, Abfahrt Roßla, über Sittendorf nach Tilleda.

Allstedt

Oberirdisch ist von der **Pfalz** kaum etwas vorhanden. Ein nachgewiesener 12 m breiter *Abschnittsgraben* weist auf die Ausmaße der Anlage. Die heutige Burg- und Schloßanlage befindet sich auf dem ehemaligen Pfalzgelände und nimmt etwa ein Drittel der geschätzten Pfalzfläche ein. Im **Schloßmuseum** kann sich der Besucher in der *Ausstellung* „Allstedt – Siedlung – Pfalz – Stadt" sowie bei den angebotenen Führungen über die Pfalz und ihre Bedeutung im Zeitalter der Ottonen informieren.

ANREISE: von Sangerhausen auf der B 86, Abfahrt Ober-röblingen; von Eisleben auf der B 80, Abfahrt Riestedt

Querfurt

Die **Burg Querfurt**, im 9. Jh. erstmals erwähnt, ist eine der ältesten Deutschlands. Bausubstanz aus ottonischer Zeit befindet sich unter dem Rundturm „Dicker Heinrich" und in der romanischen Burgkirche (12. Jh.). Sichtbar ist ein *Stütz-pfeiler* im Gewölbe unter dem Korn- und Rüsthaus. Eine *Ausstellung* zum Thema „Die Edlen Herren von Querfurt und die Zeit der Ottonen" wird ab März 2001 zu besichtigen sein.

ANREISE: über die B 180 aus Richtung Eisleben/Naumburg; über die B 250 aus Richtung Apolda

Memleben

Von der Pfalzanlage Memleben ist vor Ort nichts zu erkennen. Die **Kirche St. Marien** des von Kaiser Otto II. gegründeten Benediktinerklosters aus dem 10. Jh. ist nur noch in Resten erhalten. Zu sehen sind bisher Teile der südlichen Begrenzungsmauer sowie das sogenannte *Kaisertor* und der *Mauerklotz*. Der Grundriß der Marienkirche soll 2001 freigelegt und für Besucher sichtbar gemacht werden. Eine *Daueraustellung* unter dem Titel „Otto der Große" soll in diesem Jahr ebenfalls entstehen.

ANREISE: von Querfurt auf der B 250, Abfahrt Nebra; von Sömmerda auf der B 176, Abfahrt Saubach

Merseburg – Siehe Bischofsroute.

Magdeburg – Siehe Bischofsroute.

Quedlinburg – Siehe Klosterroute.

Die Bischofsroute (Havelberg – Magdeburg – Halberstadt – Naumburg/Zeitz – Merseburg)

Havelberg

Reste des ottonischen **Doms St. Marien** befinden sich wahrscheinlich in der Bausubstanz des *Chorbereiches*. Der heutige Bau basiert auf dem – nach der Zerstörung des Vorgängers (983) durch die Slawen – seit etwa 1150 errichteten Dom. In den Domstiftsgebäuden ist das **Prignitz-Museum** untergebracht. In drei *Dauerausstellungen* „Ur- und Frühgeschichte der Region", „Stadtgeschichte Havelbergs" und „Dombau- und Bistumsgeschichte" wird auf die Ottonenzeit eingegangen. Zu den ausgestellten Objekten dieser Zeit gehören u. a. Tongefäße, ein Mahlstein sowie ein verzierter Behälter aus Hirschgeweih. Ein salisches Langschwert, ein Bronzekruzifix und ein Kamm aus dem 11./12. Jh. zählen zum Umfeld dieser Epoche.

Anreise: über die B 107 aus Richtung Pritzwalk/Genthin

Magdeburg

Der **Dom St. Mauritius und Katharina** mit dem *Sarkophag Kaiser Ottos I.* ist die Hauptattraktion bei einem Besuch Magdeburgs auf den Spuren der Ottonen. Von der Klosterkirche des St.-Mauritius-Klosters und der aus ihr hervorgegangenen Kathedrale sind Teile bei Grabungen nachgewiesen worden. Einzelne Elemente wie etwa Marmorsäulen und Kapitelle des Ottonenbaus wurden bei späteren Umbauten wiederverwendet. Der heutige Bau wurde Anfang des 13. Jh. begonnen. Die Rotunde im Langschiff des Doms beherbergt zwei *Plastiken eines Herrscherpaares* aus dem 13. Jh. Die beiden Figuren werden häufig als Otto I. und Edgith, die ursprünglichen Stifter, gedeutet. Der Gattin Ottos I. errichtete der Magdeburger Erzbischof Ernst von Wettin Ende des 15. Jh. ein *neues Grabmal*, das sich im Chorumgang befindet. Eines der bedeutendsten Baudenkmäler der Romanik ist das **Kloster Unser Lieben Frauen**, in dem sich heute ein Kunstmuseum befindet. Das Kloster wurde Anfang des 11. Jh. gegründet, die erhaltenen Gebäude stammen allerdings aus der Zeit des späten 11. und des 12. Jh. Das **Kulturhistorische Museum** Magdeburg bietet in seiner stadtgeschichtlichen Abteilung eine Fülle von Originalobjekten vornehmlich der Alltagskultur des 10. Jh. Daneben veranschaulichen einige Modelle diese Zeit. Der gerade rekonstruierte Kaiser-Otto-Saal des Museums besitzt zwei Hauptwerke der ottonischen Rezeptionsgeschichte: das Original des sogenannten *Magdeburger Reiters*, eine wahrscheinlich Otto den Großen darstellende Skulptur aus dem 13. Jh. (Bronzekopie auf dem Alten Markt), sowie ein *Monumentalgemälde* von Arthur Kampf von 1906, das Otto I. mit Szenen aus drei seiner Lebensabschnitte würdigt.

ANREISE: über die A 2 oder die A 14

Halberstadt

Der **Dom St. Stephanus und Sixtus** geht auf karolingische und ottonische Vorgängerbauten zurück. Von dem 1179 zerstörten ottonischen Bau sind im Bereich des Kreuzgangs noch Bauteile aus dem 12. Jh. erhalten. Wichtigste Zeugnisse der Ottonenzeit sind jedoch die Objekte des Domschatzes. Zu den Glanzlichtern der Sammlung gehören neben verschiedenen Handschriften (u. a. ein Lektionar aus dem 10. Jh.) ein byzantinisches Demetriosreliquiar (10./11. Jh.) und eine ägyptische Bergkristallflasche (10./11. Jh.). Von der im Jahr 1005 begonnenen **Liebfrauenkirche** sind noch die unteren Geschosse des Westbaues im jetzigen Gebäude erhalten. Eine *Daueraustellung* mit dem Titel „Halberstadt von der karolingischen Bistumsgründung bis zum ottonischen Marktrecht" lädt ab Juni 2001 im **Städtischen Museum** Halberstadt zum Besuch ein.

ANREISE: über die B 79 aus Richtung Wolfenbüttel/Quedlinburg; über die B 81 aus Richtung Magdeburg/Nordhausen

Naumburg

Der jetzige **Dom St. Peter und Paul** wurde auf den bei Grabungen nachgewiesenen Fundamenten des um 1042 geweihten, ottonischen Doms errichtet. Der heutige Bau wurde gegen 1210 begonnen. Bekannt sind vor allem die *Figuren der Hauptstifter* mit ihren Gemahlinnen im Westchor des Doms: Markgraf Hermann mit Reglindis, der Tochter des polnischen Herzogs Boleslaw Chrobry, und Markgraf Ekkehard II. mit Uta, die 150–200 Jahre nach deren Tod geschaffen wurden.

ANREISE: über die B 88 aus Richtung Jena; über die B 180 aus Richtung Weißenfels/Zeitz; über die B 176 aus Richtung Kölleda

Zeitz

Der **Dom St. Peter und Paul** ist ein Nachfolgebau der ehemaligen Bischofskirche, deren ursprüngliche Lage bei archäologischen Ausgrabungen 1998 im Bereich des heutigen Kreuzganges nachgewiesen werden konnte. Ein um die Mitte des 11. Jh. errichteter Neubau ist in den heutigen Dom eingeflossen, die *Umfassungsmauern* vom Chor bis zum Westbau sowie die *Krypta* sind erhalten. Die sechs östlichen Säulen der Krypta stammen ursprünglich aus der 968 begonnenen Bischofskirche. Daneben weisen spätere Bauteile auf die Ottonenzeit hin, darunter eine *Gedenktafel* (13. Jh.) für den ersten Bischof von Zeitz, Hugo I., in der Nordwand des Doms. Im **Museum Schloß Moritzburg** präsentiert eine *Dauerausstellung* die „Zeit der Bischöfe".

ANREISE: über die B 91 aus Richtung Halle/S.; über die B 2 aus Richtung Leipzig/Gera

Merseburg
Herausragendes Zeugnis der ottonischen Geschichte Merseburgs ist der 1015 begonnene und 1021 geweihte **Dom St. Johannes Bapt. und Laurentius,** von dem Bauteile im Querschiff und in den Westtürmen erhalten sind. Die *romanische Krypta* wurde um 1040 in den Bau eingefügt. Die sehenswerte *Grabplatte* des Gegenkönigs Rudolf von Rheinfelden aus dem späten 11. Jh. ist zugleich der älteste Bronzeguß Deutschlands mit figürlicher Darstellung. Ursprünglich befanden sich Edelsteine in den Augenhöhlen und in Eintiefungen der Krone des als Relief dargestellten Verstorbenen, die Platte war zudem vergoldet. In der Vorhalle des Doms erinnert eine kleine Ausstellung an die bekannten „*Merseburger Zaubersprüche*", die um 850 aufgezeichnet wurden. Im **Ständehaus,** unmittelbar am Schloß gelegen, befinden sich *Monumentalgemälde* von Hugo Vogel zur Geschichte der damaligen preußischen Provinz Sachsen vom Ende des 19. Jh., die u. a. auf die ottonische Zeit eingehen. Im **Kulturhistorischen Museum,** im Ost- und Nordflügel des Merseburger Schlosses befindlich, geht eine *Dauerausstellung* zur Regionalgeschichte auf die Ottonen ein. Nach Abschluß der *Sonderausstellung* „Merseburg – Bischofssitz Thietmars von Merseburg, des Chronisten der Ottonen" (18.05.–11.11.2001) werden wesentliche Inhalte in die Dauerausstellung übernommen.

ANREISE: über die B 91 aus Richtung Halle/S./Weißenfels; über die B 281 aus Richtung Leipzig

Die Kloster- und Stiftsroute (Walbeck/Aller – Klostergröningen – Drübeck – Quedlinburg – Thale/Wendhausen – Gernrode – Frose – Walbeck/Hettstedt)

Walbeck/Aller
Die Ruine der **Stiftskirche** St. Marien ist frei zugänglich. Eine Tafel im Inneren informiert über die Geschichte der

Kirche seit dem 10. Jh. In der Dorfkirche **St. Michaelis** ist vor allem der *Sarkophag* Luithars II. von 964 mit prachtvollem Stuckaufsatz bemerkenswert. Die Kirche selbst wurde 1892 im romanisierenden Stil errichtet, sie ist nur nach Voranmeldung zu besichtigen. Direkt neben der Dorfkirche befindet sich die **Heimatstube**. Die dortige *Ausstellung* befaßt sich u. a. mit dem Sarkophag Luithars II. sowie der Baugeschichte der Stiftskirche. Ab August 2001 soll eine *Sonderausstellung* „Otto der Große" hinzukommen.

ANREISE: über die B 244 von Wolfsburg, Abfahrt Döhren; über die B 1 von Magdeburg, Abfahrt Morsleben

Hadmersleben

In Folge der Gründung eines Benediktinerklosters 961 durch Bischof Bernhard von Halberstadt kam es auch zur Errichtung der **Klosterkirche St. Peter und Paul.** Der heutige Bau ist das Resultat mehrerer Um- und Neubauten nach dieser Zeit. Ältestes Bauteil ist die dreischiffige Halle unter der Nonnenempore. Das *südliche Schiff* dieser Halle wird nach seiner Gestaltung noch dem ausgehenden 11. Jh. zugerechnet.

ANREISE: über die B 245 von Helmstedt/Halberstadt, Abfahrt Schwanebeck; über die B 81 von Halberstadt/ Magdeburg, Abfahrt Kroppenstedt

Klostergröningen

Der Grundriß des 940 geweihten Gründungsbaus des **Klosters Gröningen** ist durch Grabungen bekannt, als ältestes Baudetail ist ein *Kapitell* aus dem 10./11. Jh. erhalten. Aus nachottonischer Zeit stammt die Anfang des 12. Jh. errichtete dreischiffige Basilika, deren Würfelkapitelle und Arkadenzone mit Tiergestalten, Flechtbändern und Blattfriesen von mittelalterlicher Steinmetzkunst zeugen. Die Nachbildung eines Reliefs von 1170 als wichtiges Stilzeugnis dieser Zeit ist ein Höhepunkt der Innenausstattung.

ANREISE: über die B 81 aus Richtung Magdeburg/Halberstadt

Drübeck

Das **Kloster St. Vitus** wird 877 in einer (gefälschten) Urkunde bezeugt. Als Stifterin wird die Gräfin Adelbrin genannt, die das Kloster u. a. zur Ehre der Heiligen Jungfrau, Johannes' des Täufers und weiterer Märtyrer errichtet habe. Auf einer *Grabplatte* ist die angebliche Stifterin des Klosters, Adelbrin, verewigt. Die heute zu sehenden Bauteile gehören vorrangig zu einem Neubau um 1100, einer dreischiffigen Basilika, die nach der Restaurierung in den 1950er Jahren wieder einen Eindruck von den baulichen Leistungen der

Romanik vermittelt. Aus ottonischer Zeit erhaltene Bauteile sind der südliche *Querhausarm* einschließlich der *Apsis* und der *Stützenwechsel* des Langhauses, mit gut erhaltenen korinthischen Kapitellen.

ANREISE: über die B 6 aus Richtung Bad Harzburg/Wernigerode

Quedlinburg

Auf dem Burgberg südlich der Altstadt Quedlinburgs befindet sich die **Stiftskirche St. Servatius,** die auf das 936 begründete Kanonissenstift zurückgeht. Der heutige Bau (1129 geweiht) hatte drei Vorgänger, die bei Grabungen nachgewiesen wurden. Von diesen sind einige bauliche Reste erhalten. In der Apsis der jetzigen Krypta wurde 1868 die so genannte *„Confessio"* wiederentdeckt: ein kleiner halbrunder Nischenraum mit Stuckdekor und Gewölbe, den die Königinwitwe Mathilde wenige Jahre vor ihrem Tod (968) errichten ließ. Vermutlich war er für die Unterbringung wertvoller Reliquien gedacht. Von einem anderen Vorgängerbau (1021 geweiht) stammen die *Westjoche* der Krypta und die *Kapelle St. Nicolai.* In der Krypta sind Reste von Wandmalereien aus dem 12. Jh. zu sehen, unter den dargestellten Personen befindet sich auch Otto I. Erwähnenswert sind auch drei *Gedächtnisgrabmäler,* u. a. für die Äbtissin Adelheid I. († 1045), die um 1129 hergestellt wurden. Die **Kirche St. Wiperti** liegt 500 m südlich des Schloßberges an der Straße nach Weddersleben. Auf dem Gelände um die Kirche befanden sich Gebäude des Königshofes der Ottonen. Älteste Baureste der heutigen Kirche stammen aus Zeit um 1000. Die Umfassungswände des *Sanktuariums* befinden sich in Höhe der Krypta. Von außen ist ein *Vierpaßfenster* dieser Umfassungswand zu sehen. Die *Krypta* selbst wurde Anfang des 11. Jh. errichtet. In ihr sind auch Baudetails des Vorgängerbaus zu erkennen, daneben auch Grabsteinreste aus vorottonischer Zeit. Eine Besonderheit ist der *Mittelpfeiler* im Krypta-Umgang, der wahrscheinlich aus der sogenannten „Confessio" der St.-Servatius-Kirche stammt.

ANREISE: über die B 6 aus Richtung Bad Harzburg/Halle/S.; über die B 79 aus Richtung Halberstadt

Thale/Wendhausen

Der sogenannte Wohnturm in Thale könnte zum im 9. Jh. gegründeten **Frauenklosters Wendhausen** und späteren Damenstifts gehört haben. Andere Meinungen sehen ihn als Teil einer frühmittelalterlichen Burg. Der Turm besteht aus fünf Geschossen, von denen die zwei unteren ein Kreuzgratgewölbe besitzen.

ANREISE: über die B 81 aus Richtung Halberstadt/Nordhausen, Abfahrt Blankenburg; über die B 6 aus Richtung Wernigerode/Aschersleben, Abfahrt Quedlinburg

Gernrode

Die **Stiftskirche St. Cyriakus** ist eine dreischiffige Basilika mit kurzem Querhaus. Sie zeugt noch heute von der hohen Baukunst des Mittelalters. Die *Ostkrypta* ist der älteste Teil und Ausgangspunkt der späteren Stiftskirche, in ihr wurde ursprünglich die Reliquie des hl. Cyriakus aufbewahrt. Aus ottonischer Zeit stammen weiterhin der *Ostchor* mit den für Gernrode typischen, im Dreieck angeordneten einfachen Fenstern, das *Langhaus* sowie das sogenannte *Heilige Grab* im südlichen Seitenschiff, das wahrscheinlich in der zweiten Hälfte des 11. Jh. eingebaut wurde und in Beziehung zu den Osterfeierlichkeiten im Stift. Der noch nicht restlos geklärte bildliche Schmuck des Grabes zeigt biblische Szenen vom Auferstehungstag. Ein *Tafelbild* (16. Jh.) zeigt Markgraf Gero in der Bekleidung des 10. Jahrhunderts.

Anreise: über die B 6 aus Richtung Wernigerode/Aschersleben, Abfahrt Quedlinburg; über die B 185 aus Richtung BernburgHarzgerode, Abfahrt Ballenstedt

Frose

Die **Stiftskirche St. Cyriakus** in Frose bei Aschersleben gehörte zum von Markgraf Gero wohl 950 gegründeten Benediktinerkloster, das 959/961 in ein Stift umgewandelt wurde. Der jetzige Bau, eine dreischiffige Basilika, wurde im wesentlichen um 1170 erbaut.

Anreise: über die B 6 aus Richtung Quedlinburg/Halle/S., Abfahrt Aschersleben; über die B 185 aus Richtung Bernburg/Ballenstedt, Abfahrt Aschersleben

Walbeck/Hettstedt

Die **Adelheideiche** unterhalb des Schloßberges ist mit einer Geschichte verbunden. Sie ist der zweiten Frau Ottos des Großen, Adelheid von Burgund, gewidmet, auf deren Bitten, Otto III. den Reichshof Walbeck dem Stift Quedlinburg übereignete. 992 wurde das aus dem Reichshof gebildete Benediktinerinnenkloster geweiht. Reste dieses **Klosters St. Andreas** befinden sich heute in der Bausubstanz des Schlosses Walbeck. Das ehemalige *Refektorium* beherbergt den sogenannten Kapitellsaal mit seinen sehenswerten Säulen. Vom romanischen Südflügel ist eine kleine, niedrige *Pfeilerhalle* erhalten, daneben ist der Westarm des romanischen *Kreuzgangs*, ein schmaler, von gurtlosen Kreuzgewölben überdeckter Korridor, zu besichtigen.

Anreise: über die B 180 aus Richtung Aschersleben/Eisleben

Service

Gernrode Information,
06507 Gernrode, Suderoder Chaussee,
Tel./Fax: 03 94 85/3 54

Verwaltungsgemeinschaft Gröningen,
39397 Gröningen, Straße der Freundschaft 7,
Tel.: 03 94 03/91 10, Fax: 03 94 03/2 06,
Internet: www.vg-groeningen.de

Halberstadt Information,
38820 Halberstadt, Hinter dem Rathause 6,
Tel.: 0 39 41/55 18 15, Fax: 0 39 41/55 10 89,
Internet: www.halberstadt.de

Tourist Information Havelberg,
39539 Havelberg, Uferstraße 1,
Tel./Fax: 03 93 87/8 82 24, Internet: www.havelberg.de

Tourist-Information Magdeburg,
39104 Magdeburg, Julius-Bremer-Straße 10,
Tel.: 03 91/5 40 49 00

Verein des Klosters und der Kaiserpfalz Memleben e.V.,
06642 Memleben, Volkmar-Kroll-Straße 22,
Tel.: 03 46 72/6 02 74, Fax: 03 46 72/9 34 09

Merseburg-Information,
06217 Merseburg, Burgstraße 5,
Tel.: 034 61/21 41 70, Fax: 0 34 61/21 41 77

Quedlinburg-Information,
06484 Quedlinburg, Markt 2,
Tel.: 0 39 46/77 30 12, Fax: 0 39 46/77 30 16

Zeitz-Information,
06712 Zeitz, Altmarkt 16,
Tel.: 0 34 41/8 32 91, 0 34 41/8 32 92, Fax: 0 34 41/8 33 31,
Internet: www.zeitz.de

Regionale Fremdenverkehrsvereine

Fremdenverkehrsverband Altmark e.V.,
39590 Tangermünde, Marktstraße 13,
Tel.: 03 93 22/34 60, Fax: 03 93 22/4 32 33

Fremdenverkehrsverband Anhalt-Wittenberg e.V.,
06844 Dessau, Albrechtstraße 48,
Tel.: 03 40/2 20 00 44, Fax: 03 40/2 40 03 34,
Internet: www.anhalt-wittenberg.de

Magdeburger Tourismusverband Elbe-Börde-Heide e.V.,
39108 Magdeburg, Gerhart-Hauptmann-Straße 34,
Tel.: 03 91/73 87 90, Fax: 03 91/73 87 99

Regionaler Fremdenverkehrsverband Halle-Saale-Unstrut e.V.,
06217 Merseburg, Domstraße 10,
Tel.: 0 34 61/20 09 47, Fax: 0 34 61/20 09 48

Harzer Verkehrsverband e.V.,
38640 Goslar, Marktstraße 45,
Tel.: 0 53 21/3 40 40, Fax: 0 53 21/34 40 66,
Internet: www.harzinfo.de

Abbildungsnachweis

1. Herzog August Bibliothek Wolfenbüttel: Cod. Guelf. 74. 3 Aug. 2°, S. 226. • *S. 21*
2. Interessengemeinschaft „Natur- und Heimatfreunde" Walbeck: Grab Liuthars II. (Dorfkirche) • *S. 163*
3. Landesmarketinggesellschaft Sachsen-Anhalt [LMG]
   Walbeck – Ruine Stiftskirche St. Marien • *S. 164*
   Allstedt – Ansicht Burg • *S. 77*
   Tilleda – Pfalz • *S. 75*
   Halberstadt – Domansicht innen • *S. 103*
   Halberstadt – Domansicht außen • *S. 100*
   Havelberg – Dom St. Marien • *S. 108*
   Merseburg – Domportal • *S. 142*
   Naumburg – Dom, Uta und Ekkehard • *S. 148*
   Quedlinburg – Stiftskirche St. Servatius • *S. 154*
   Quedlinburg – Innenansicht Stiftskirche • *S. 161*
   Quedlinburg – Wipertikirche, Krypta • *S. 153*
   Drübeck – Ansicht Klosterkirche • *S. 185*
   Gröningen – Innenansicht Klosterkirche • *S. 174*
   Gernrode – Außenansicht • *S. 180*
   Gernrode – Innenansicht • *S. 178*
4. Landesamt für Denkmalpflege Sachsen-Anhalt, Gunar Preuß: Elfenbeinrelief des Evangelisten Johannes, eingelassen in den Buchdeckel eines Evangeliars aus dem Halberstädter Domschatz (Inventarnr. 44) • *S. 96*
5. Privatbesitz: Klosterkirche Klostergröningen • *S. 175*
6. Stadt Merseburg, Jochen Ehmke: Aufnahme des Monumentalgemäldes im Ständehaus • *S. 131*

7. Stadt Querfurt:
   Luftbildaufnahme der Burg Querfurt • *S. 89*
8. Domstiftsarchiv Merseburg, Bildarchiv:
   Fränkisches Taufgelöbnis (Hs. 136, fol. 16 r) • *S. 17*
   Merseburger Zaubersprüche (Hs. 136, fol. 85 r) • *S. 129*
   T-Initiale (Hs. 129, fol. 38 r) • *S. 144*
9. Jürgen Blume, Fotograf: Wendhausen/Thale • *S. 156*
10. Foto Merkt: Grabmal der Äbtissin Adelbrin • *S. 184*
11. Landesamt für Archäologie Sachsen-Anhalt, Museum
    für Vorgeschichte Halle/S.:
    Laurentiustafel (HK: 2651) • *S. 135*
    Scheibenfibel aus Tilleda (HK 37:529) • *S. 76*
    Grundriß der Pfalz Tilleda (Geländeaufnahme von
    W. Saal und die Pfalz im 10./11.Jahrhundert) • *S. 73*
    Dom Zeitz: Kelch und Patene (HK 68:141 a, b) • *S. 147*
12. Prignitz-Museum Havelberg:
    Slawisches Geweihgerät (10./12. Jh.) • *S. 106*
    vier slawische Gefäße (9./10. Jh.) • *S. 107*
13. Bildarchiv Preußischer Kulturbesitz:
    Domschatz Quedlinburg – Servatiusreliquar • *S. 158*
    Domschatz Quedlinburg – Servatiusstab, sogenannter
    Äbtissinenstab (Lothringen, Mitte 10. Jh.) • *S. 166*
    Domschatz Quedlinburg – Otto-Adelheid-Evangeliar,
    Buchdeckel (Konstantinopel, 2. Hälfte 10. Jh.) • *S. 169*
    Domschatz Quedlinburg – Otto-Adelheid-Evangeliar
    (fol 4v) • *S. 170*
14. LA Magdeburg - LHA -, Rep. U 1 I Nr. 31 • *S. 118*
    LA Magdeburg - LHA -, Rep. U 9 A Ia Nr. 2 • *S. 28*
15. Helmut Stein, Fotograf:
    Magdeburg – Dom • *S. 125*
    Magdeburg – Grab Ottos I. • *S. 128*
    Magdeburg – Reiterstatue Ottos I. • *S. 126*
    Memleben – Kaisertor • *S. 83*
16. Privatbesitz: Stiftskirche Frose • *S. 176*

Quellen- und Literatur (Auswahl)

Quellen

Althochdeutsche Literatur. Eine Textauswahl mit Übertragungen, hg. von Horst Dieter Schlosser, Berlin 1998.
Codex diplomaticus Anhaltinus, hg. von Otto von Heine-
mann, 6 Bde., 1867–1883. (Latein)
Deutsche Geschichte in Quellen und Darstellungen, Bd 1:
Frühes und Hohes Mittelalter 750–1250, hg. von Wil-
fried Hartmann, Stuttgart 1995.

Eike von Repgow, Der Sachsenspiegel, hg. von Clausdieter Schott, Zürich 1984.

Geschichte in Quellen, Bd. 2: Mittelalter, bearb. von Wolfgang Lautemann, 4. Aufl., München 1996.

Quellen zur Geschichte der sächsischen Kaiserzeit (Widukinds Sachsengeschichte, Adalberts Fortsetzung der Chronik Reginos, Liudprands Werke), bearb. von Albert Bauer und Reinhold Rau, 3. Aufl., Darmstadt 1990.

Thietmar von Merseburg, Chronik, übersetzt von Wolfgang Trillmich, Darmstadt 1957.

Widukind von Corvey, Res gestae Saxonicae. Die Sachsengeschichte, übers. und hg. von Ekkehart Rotter und Bernd Schneidmüller, 2. überarb. Aufl., Stuttgart 1992.

Literatur

a) zu den Ottonen

Gerd Althoff, Die Ottonen. Königsherrschaft ohne Staat, Stuttgart/Berlin/Köln 2000.

Gerd Althoff, Hagen Keller, Heinrich I. und Otto der Große, 2 Bde., Göttingen/Zürich 1985.

Gerd Althoff, Otto III., Darmstadt 1996.

Helmut Beumann, Die Ottonen, 2. verb. und erw. Aufl., Stuttgart/ Berlin/Köln 1991.

Heinrich Fichtenau, Lebensordnungen des 10. Jahrhunderts, 2. Aufl., München 1994.

Winfried Glocker, Die Verwandten der Ottonen und ihre Bedeutung in der Politik, Köln/Wien 1989.

Stefan Weinfurt, Heinrich II., Regensburg 1999.

b) zum ottonischen Sachsen

Thorsten Capelle, Die Sachsen des frühen Mittelalters, Darmstadt 1998.

Geschichte Sachsen-Anhalts, Bd. 1: Das Mittelalter, Leipzig 1993.

Handbuch Historischer Stätten Deutschlands, Bd. 11: Provinz Sachsen-Anhalt, hg. von Berent Schwineköper, 2. überarb. und erg. Aufl., Stuttgart 1987.

Ernst Schubert, Geschichte Niedersachsens. Politik, Verfassung, Wirtschaft vom 9. bis zum ausgehenden 15. Jahrhundert, Hildesheim 1997.

c) zur Entstehung des deutschen Reiches

Joachim Ehlers, Die Entstehung des deutschen Reiches, München 1994.

Johannes Fried, Der Weg in die Geschichte. Die Ursprünge Deutschlands bis 1024, Berlin 1998.

d) übergreifende Themen und Darstellungen
Michael Borgolte, Die mittelalterliche Kirche, München 1992.
Horst Fuhrmann, Einladung ins Mittelalter, 4. Aufl., München 1989.
Horst Fuhrmann, Überall ist Mittelalter. Von der Gegenwart einer vergangenen Zeit, München 1996.
Werner Goez, Lebensbilder aus dem Mittelalter. Die Zeit der Ottonen, Salier und Staufer, 2. überarb. und erw. Aufl., Darmstadt 1998.
Aaron J. Gurjewitsch, Das Weltbild des mittelalterlichen Menschen, 2. Aufl., Dresden 1978.
Aaron J. Gurjewitsch, Mittelalterliche Volkskultur, Dresden 1986.
Ingeborg Seltmann, Zepter und Zügel. Unterwegs im Troß der mittelalterlichen Kaiser, Augsburg 1999.

Ortsregister